农业与农村发展调研报告 2019
（华中卷）

Survey Report on Agriculture and Rural Development 2019
（Central China）

华中农业大学经济管理学院数据中心
华中农业大学宏观农业研究院　编著

中国农业出版社
北　京

致　谢

本报告以华中农业大学经济管理学院、华中农业大学宏观农业研究院组织的2019年华中三省（河南、湖北、湖南）农村调研所获取的数据为基础撰写。感谢华中农业大学研究生院、华中农业大学科学技术发展研究院对调研的资助！

感谢调研样本县的农业农村局、农业农村工作委员会（名单如下）对本调研的支持！

河南省安阳市农业农村局
河南省南召县农业农村局
河南省确山县农业农村局
河南省新乡市农业农村局
河南省新郑市农业农村工作委员会
河南省偃师市农业农村局
湖北省当阳市农业农村局
湖北省谷城县农业农村局
湖北省洪湖市农业农村局
湖北省建始县农业农村局
湖北省罗田县农业农村局
湖北省枣阳市农业农村局
湖南省浏阳市农业农村局
湖南省安仁县农业农村局
湖南省华容县农业农村局
湖南省耒阳市农业农村局
湖南省隆回县农业农村局
湖南省新晃侗族自治县农业农村局

农业与农村发展调研报告 2019（华中卷）编委会

前　言

党的十九大报告提出了实施乡村振兴战略，乡村的繁荣振兴对解决我国“三农”问题具有重大现实意义和深远历史意义。为了深入认识我国农业与农村发展现状，以支撑对“三农”问题的科学研究、支持国家和地方落实乡村振兴战略的科学决策，华中农业大学经济管理学院、华中农业大学宏观农业研究院于2019年7月组织150余名师生在河南、湖北和湖南的108个行政村开展了系统性的农业与农村经济社会现状与地理空间状况调研，于2019年12月组织50余名师生对上述108个行政村进行了畜禽养殖专题电话调研。这两次调研为本报告的撰写提供了数据来源。

本调研遵循严格的随机抽样原则和科学规范的抽样方式产生调研样本。具体而言，首先根据人口数量、地区生产总值、土地面积、农业产值等指标对各个样本省的县级行政单位采用聚类分析分为6类，再在每类中随机抽取1个作为样本县市；依据同样办法在每个样本县市中抽取3个样本乡镇，再在每个样本乡镇中抽取2个样本村；最后在每个样本村随机抽取10个农户作为样本农户。由此，在华中三省获得108个样本村和1 080个样本农户。

调研内容包括行政村与农户基本情况、土地确权与土地利用、农户生产经营投入与产出、农业机械使用、新品种与新技术采用、生产经营风险、农户互联网使用与电商参与、能源消费与废弃物处理、饮食消费与食品安全行为、农作物生产空间分布10个方面。根据这些内容，本调研报告共分为五个部分。第一部分为农村概况，涉及农村土地状况、人居环境、基础设施与公共服务、社会文化生活、社会保障和扶贫概况的相关内容，总体描述了农村的基本情况。

第二部分为农户生计资本概况，根据“生计资本”的组成部分，分为人力资本、自然资本、物质资本、金融资本和社会资本五个方面描述农户的基本经济社会特征。第三部分为生产经营情况，在分析新型经营主体的基础上，分别按照种植业和养殖业进行农业生产经营状况的分析，并关注了农业机械使用以及新技术新品种的采用情况。第四部分为生活状况，分别从农户互联网使用、电商参与、能源和饮食消费，废弃物处理以及食品安全行为进行描述。第五部分为农作物空间分布，较为详细地介绍了农作物空间信息采集的过程与农作物空间分布的特征。

《农业与农村发展调研报告 2019》得到以下主要结论：

一、在村级层面，农村在总体上取得了一定发展

农业与农村发展较为突出地体现在农村贫困问题的改善、农村人居环境的治理、基础设施的建设、社会保障的完善等方面；同时，农村正处于传统与现代交汇的历史变化时期，社会文化生活不断丰富、土地正在发生变革，但农村发展也存在土地流转供需之间有矛盾、公共资源分配不均衡以及农村发展可持续性等问题。

二、在农户层面，主要有以下结论

（1）调研农户生计资本状况总体不是很好，表现为农村人力资本的总体水平不高，主要制约因素在于农户受教育水平不高；农村自然资本拥有量也不多，耕地和林地资源拥有量有较大的区别，土地确权情况较好，但土地流转的活力尚未突出显现；物质资本总体能满足基本生活需要且呈现两级分化的现象；金融资本属于中等偏下的水平，拥有量较低，样本农户年均收入水平尚未达到全国平均水平；样本农户的家庭社会资本拥有量不丰富，对社会资本的使用也较为不足。因此，加大农村基础教育、完善土地流转制度、拓宽农民增收渠道、培育农村社会资本对农户可持续生计具有重要的意义。

（2）调研区域农业生产经营以种植业为主，主要耕作作物为水稻、玉米、小麦、油菜。农户作为重要的经营主体，总体经营规模较小，经营主体虽有变化，但农户参与程度不高。农业生产过程中，从整体上来看，农药投入和化肥投入在华中地区主要农作物的生产投入中居于主要地位，种子投入和灌溉投入居于次要地位，新技术和新品种的扩散程度较低；农业产出利润以水稻为主。农户对风险认知的情况较好，对于农业保险存在认知偏差。基于此，建议培育新型经营主体，加强农业生产技术的推广，完善农业保险相关制度。

（3）调研农户生活状况得到了极大改善。互联网的使用逐渐改变了农户的生活方式，为农户社交、娱乐以及了解社会提供了信息渠道，但农户使用互联网的成本较高；现代清洁能源已开始被农户采用，生产生活废弃物的处理方式也变得多样化，但集中处理和资源化程度不高；农村居民食物消费仍然维持以植物性食物为主，动物性食物为辅的结构，农村居民的食品安全知识认知度较低。提高农户的生活质量，需要提高农民对食品和环境的认知，改善农户消费结构，促进农户消费行为的转变。

目　　录

第一部分　农村概况*

本部分就此次调研村的数据进行描述性统计分析，涉及受调研村的土地状况、人居环境、基础设施与公共服务、社会文化生活、社会保障和扶贫概况的相关内容。对收集到的调研数据，进行以下两点说明：

（1）本次调研数据涵盖华中三省：受访农户涵盖湖北省、湖南省、河南省，根据地理特征和经济意义的综合考量，每省选取 6 个县（市），采用随机抽样的方式每个县选取 6 个村，计划获得 108 份村级问卷，实际获得 108 份问卷。

（2）村级问卷的访谈式调研针对该村的村干部进行。考虑到调研员的数据录入错误、村干部确切信息记录模糊等其他因素，在每一项专项统计中，都会剔除其中有明显异常值的问卷，实际有效样本会根据变量值的不同而略有不同。

一、土地状况

（一）土地流转

已有研究认为始于 20 世纪末的家庭联产承包责任制通过土地均分到户的制度安排是导致 80 年代初期中国农业爆发式增长的重要原因（Lin，1992；McMillan et al.，1989）。然而随着时间的推移，这项以土地均分为重要特征的制度带来的改革红利基本已消耗殆尽，而包括土地细碎化经营、耕地配置扭曲和利用低效率在内的不足日益凸显。

针对上述的现行土地制度的不足，自 20 世纪 80 年代中后期以来，中国农村土地制度的一些系列改革也多以围绕稳定、强化农民的土地承包权和鼓励、激活土地经营权市场化流转两个方向推进（罗必良，2014；钱忠好，2002），因此本次调研就样本的土地流转进行考察。

1. 土地流转规模

此次调研分别记录了样本村 2015 年和 2018 年的土地转出面积的相关信

---

* 本部分执笔人：熊航，参与人：潘珈承、李晓慧。

息，其中 108 个样本村 2018 年转出面积的平均值为 307 亩*，2015 年转出面积的平均值为 172.75 亩，具体信息如表 1-1 所示。

表 1-1　土地转出面积的描述性统计

	2018 年	2015 年
平均	307.00	172.75
标准误差	40.56	32.22
中位数	119.6	0
众数	0	0
标准差	421.48	334.79
峰度	4.27	7.28
偏度	2.00	2.63
最小值	0	0
最大值	2 000	1 600
观测数	108	108

在剔除 2015 年和 2018 年没有土地转出的样本村后，分别对河南、湖北、湖南三省样本村土地转出情况进行对比，湖北省的样本村在 2018 年和 2015 年土地转出面积的平均值同湖南省、河南省的样本存在一定差距。以 2018 年为例，湖北省样本村土地转出面积的平均值为 144.62 亩，而湖南省、河南省分别为 333.06 亩、444.62 亩。三省 2015 年和 2018 年土地转出面积的箱线图如图 1-1 所示。

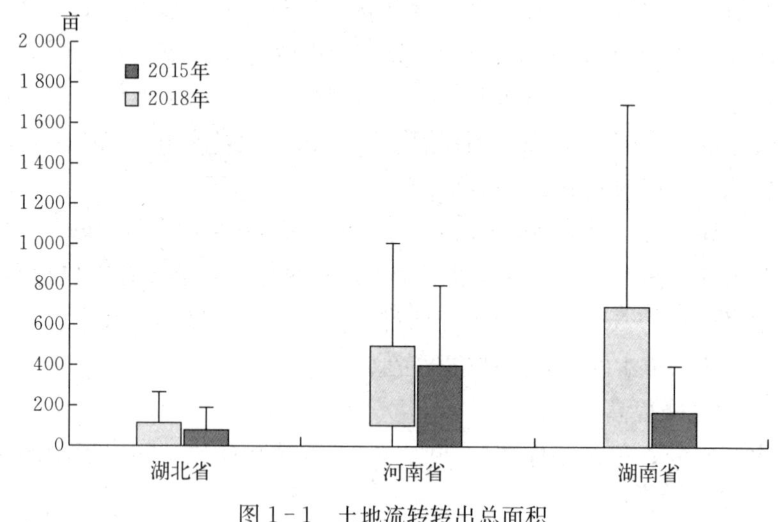

图 1-1　土地流转转出总面积

* 亩为非法定计量单位，1 亩≈667 平方米——编者注。

2. 土地流转对象

一般认为，为了降低耕地地力被破坏或用途被改变的风险，绝大多数的土地流转交易都倾向于发生在普通农户之间，特别是在本村农户之间（张照新，2002）。本次调研的结果也同样显示了这一点，如图1-2所示。在2015年样本村的转出土地中，79.03%的土地转出发生在本村内，6.67%的土地转出给本乡外村的承包者，10%转包给本县外乡的承包者，仅有2.22%的土地转出到本省外县的承包者。至于2018年样本村的转出土地，73.44%的土地转出发生在本村内，7.56%的土地转出给本乡外村的承包者，12.24%转包给本县外乡的承包者，仅有1.62%的土地转出到本省外县的承包者。值得注意的是，2015年和2018年调研的样本村都没将土地转出给外省的承包者。此外，对发生土地转出的样本村做进一步的分析之后发现，在2018年进行土地转出的样本村的所有土地转出都在本村内进行的占56.98%，而2015年这一数据为66.04%。

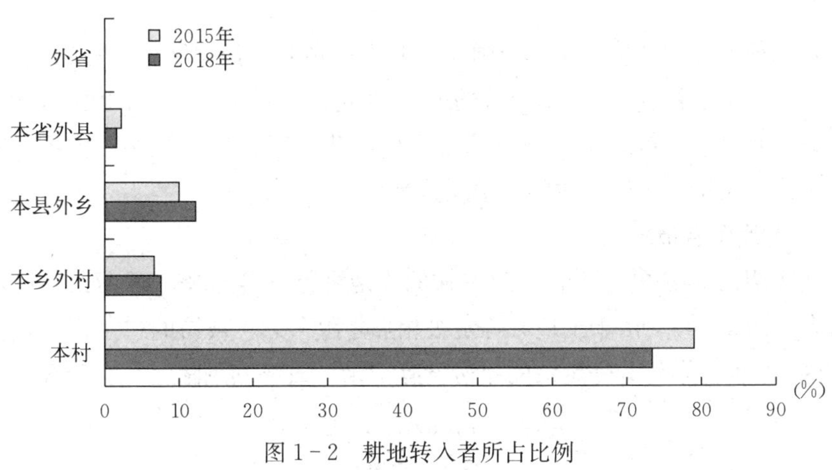

图1-2　耕地转入者所占比例

3. 土地流转租金

土地租金被认为是体现土地流转市场化的重要信号。本次调研的数据显示在有进行土地流转的样本村中，全部样本村在转出土地时收取了包括以实物（比如玉米）支付的土地租金。此外，为了解转出土地时不同区域租金的情况，调研问卷中还加入了“租赁同一块地本村比外地人租金”这个问题，样本村的村干部根据本村的实际情况在“1=高；2=无差异；3=低；4=不知道”这四个选项中进行选择。结果显示，就此次的样本村来说，大部分样本村租赁同一块地的租金本村同外地无差异，具体结果如图1-3所示。

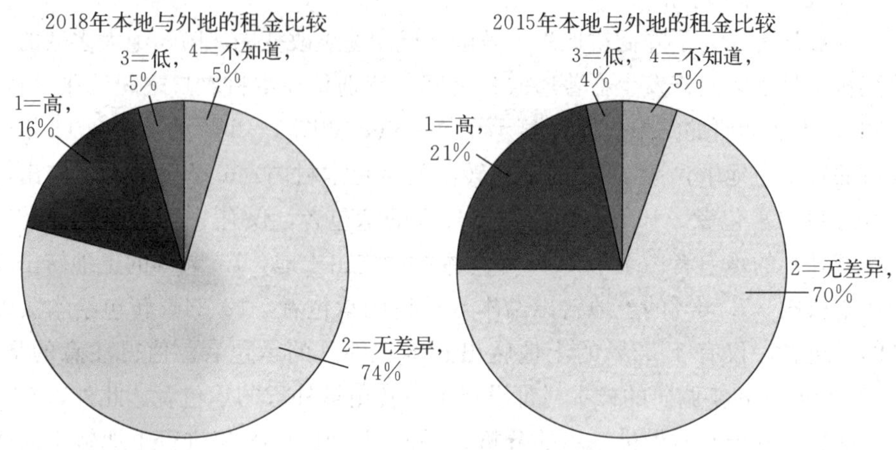

图 1-3　本地与外地的租金比较

（二）耕地可持续利用

耕地的数量和质量反映一个国家的基本国情和资源禀赋。它是衣食之源、发展之本，也是粮食安全最基本的条件。因此，为实现土地资源持续利用、优化配置，有必要对耕地质量进行综合评价，建立起耕地等级评价体系。基于此，本次调研记录了样本村的土地质量情况。

1. 土地质量情况

此次调研 53%的样本村有对本村的土地进行分等定级，而 47%的样本村则没有（图 1-4）。由于土地分等定级相隔年限久远、被访的村干部记忆模糊等原因，9 个样本村分等定级的年份没有记录，故将其剔除。在有分等定级年

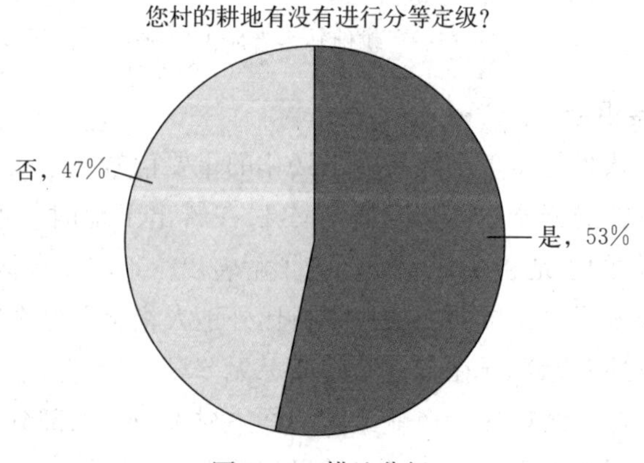

图 1-4　耕地分级

份记录的样本村中，47.82%的上述样本村是在1980—1984年这个时间段完成的，这可能同国务院1984年开展的全国土地资源调查有关，年份分布的直方图见图1-5。

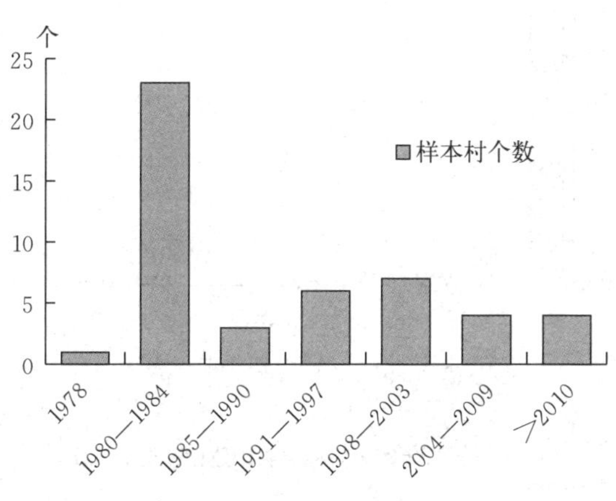

图1-5　耕地分等定级年份

2. 土地质量变化情况

在对样本村过去10年是否对耕地进行中低产田改造、高标准农田建设改造以及耕地是否参与休耕的信息收集发现（图1-6），108个样本村耕地中有51个样本村过去10年没有进行中低产田改造、高标准农田建设改造以及参与休耕。分别对过去10年是否进行中低产田改造、高标准农田建设改造以及耕地是否参与休耕进行统计，过去10年没有对耕地进行中低产田改造的样本村有68个，过去10年没有对耕地进行高标准农田建设改造的样本村有71个，过去10年耕地没有休耕的样本村有67个。

（三）结论与建议

通过上述分析发现，调研区域农村土地状况有了较大的改变。首先，本次调研的108个样本村中的80个村的耕地有流转，农村土地流转有了显著的发展；在土地的可持续利用上，土地质量变化不大，对农田的改造也开始进行，但实施比率不高。土地流转作为我国农村土地制度改革和农业发展的方向选择，政府（包括村集体）应该在坚持农民自愿的原则下，加强对土地流出和对农户的引导。除此之外也要确保那些具有转入意愿的农户能够顺利地从市场上流转到他们所希望转入的土地。其次，从样本村的情况来看，包括农田改造、

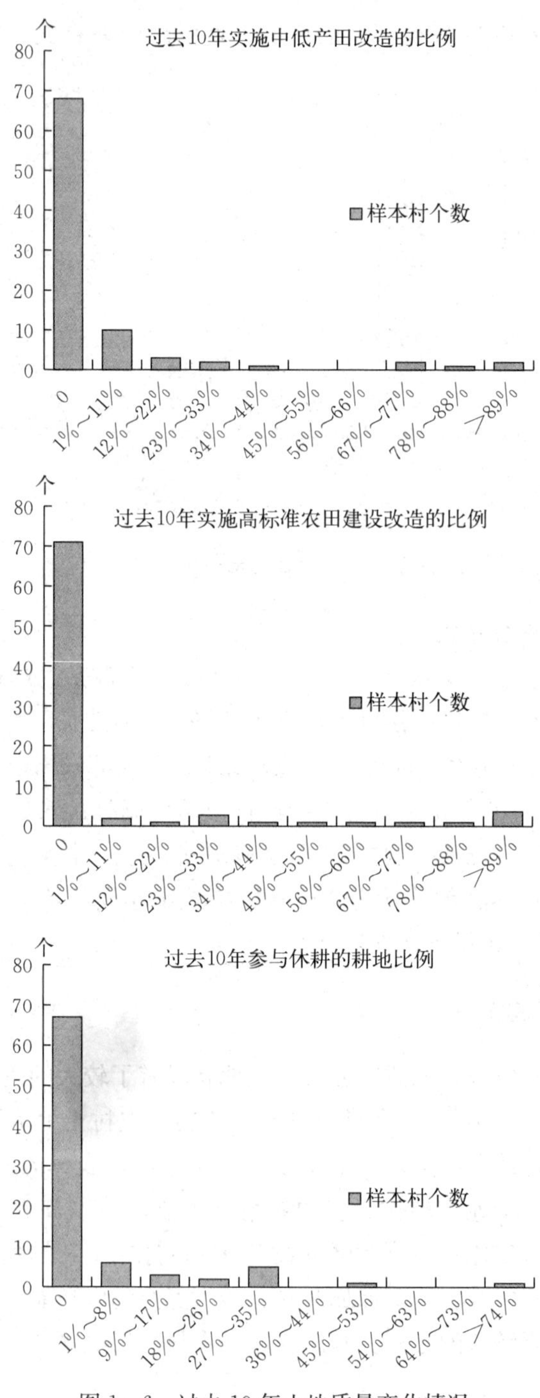

图 1－6　过去 10 年土地质量变化情况

轮作休耕在内的提高耕地质量的措施还不够普及，可以以此为出发点开展相关研究，并找到切实可行的应对方案。

二、人居环境

在我国乡村振兴未来的发展路径中，农村环境治理可谓是重中之重。党的十九大报告首次把改善农村人居环境，建设美丽宜居乡村作为乡村振兴战略发展中重要的一环。

（一）村级污水处理设施情况

河南、湖北、湖南三省被调研各村有无污水池的情况如表 1－2 和表 1－3 所示。其中，2018 年三省记录有无污水池信息的受调研村的总量为 105 个，各省均为 35 个。由于村干部确切信息记录模糊等原因，2015 年数据缺失较多，经过剔除，有效样本总量为 51 个。

表 1－2　2015 年三省样本村有无污水池情况统计表

省份	有污水池村落	总样本数	比例（%）
河南省	0	22	00.00
湖北省	2	18	11.11
湖南省	2	11	18.18
总计	4	51	07.84

表 1－3　2018 年三省样本村污水池数量统计表

省份	污水池	总样本数	比例（%）
河南省	4	35	11.43
湖北省	7	35	20.00
湖南省	9	35	25.71
总计	20	105	19.05

2015 年 7.84%的样本村拥有污水池。其中，河南省受调研的 22 个村中没有村拥有污水池；湖北省 18 个受调研村以及湖南省的 11 个受调研村中均有 2 个村有污水池。

2018 年样本村中拥有污水池村落的比例提升至 19.05%，并且分省来看，三省的样本村中拥有污水池村落的比例也均有提升。其中河南省受调研村中有 4 个村拥有污水池，占该省样本总量的 11.43%；湖北省受调研村中有 7 个村拥有污水池，占该省样本总量的 20.00%；湖南省受调研村中拥有污水池村落的比例最高，为 25.71%，有 9 个村落拥有污水池。

三省被调研各村有无排污下水管道的情况如表 1－4 和表 1－5 所示。2018 年三省受调研村的样本总量为 98 个，2015 年剔除大量数据缺失样本后有效样本总量为 48 个。总体上看，2015 年和 2018 年两年，受调研村中拥有排污下水管道的村落占样本总量的比例都要高于拥有污水池村的比例。

表 1－4　2015 年三省各村有无排污下水管道情况统计表

省份	有排污下水管道村落	总样本数	比例（%）
河南省	6	20	30.00
湖北省	4	18	22.22
湖南省	1	10	10.00
总计	11	48	22.92

表 1－5　2018 年三省各村有无排污下水管道情况统计表

省份	有排污下水管道村落	总样本数	比例（%）
河南省	15	33	45.45
湖北省	14	32	43.75
湖南省	8	33	24.24
总计	37	98	37.76

2015 年 22.92%的样本村拥有排污下水管道。其中，河南省受调研的 20 个村落中有 6 个村落拥有排污下水管道，占该省样本总量的 30.00%；湖北省 18 个受调研村落中有 4 个拥有排污下水管道，占该省样本总量的 22.22%；而湖南省的 10 个受调研村落中仅有 1 个村落有排污下水管道。

2018 年样本村中拥有排污下水管道村落的比例提升至 37.76%，并且单独来看，三省样本村中拥有排污下水管道村落的比例也均有显著提升。其中河南省样本村中有 15 个村拥有排污下水管道，占该省样本总量的 45.45%；湖北省样本村中有 14 个村拥有排污下水管道，占该省样本总量的比例提升至 43.75%，与河南省较为接近；湖南省受调研村落中拥有排污下水管道村落的比例仍为三省最低，但也有十分显著的提升，由 2015 年的 10.00%提升至 2018 年的 24.24%。

（二）村级生活污水处理方式情况统计

2015 年和 2018 年河南、湖北、湖南三个省份样本村对于生活污水的处理方式总体上看，2015 年受调研村落的样本总量为 74 个，2018 年受调研村落的样本总量为 106 个。受调研各村对于生活污水的处理方式种类繁多，除了倾倒到庭院、倾倒到田地、排入河流湖泊等水体、排入污水池这 4 种最主要的处理方式之外，诸如排入化粪池、排入深井渗到地下、排入沼气池、排入阴沟、自然降解等较为小众的处理方式均统计为其他。在 2015 年和 2018 年两年，受调研村落中将生活污水倾倒至庭院处理的村落均为最多，在这两年分别占样本总量的 31.08%和 20.75%，但在 2018 年用该方法处理生活污水的村落较 15 年有了显著减少。相比之下，在 2018 年用排入河流湖泊等水体、排入污水池和其他方式处理生活污水的村落占样本总量的比例相较 2015 年均有提升。其中，用其他方法处理生活污水的村落占样本总量的比例从 2015 年的 20.27%提升至 2018 年的 28.30%。而 2018 年受调研的 106 个村落中有 15 个村落将生活污水排入污水池，占样本总量的 14.15%，较之 2015 年提升最为显著；相较之下，2015 年受调研的 74 个村落中仅有 4 个将生活污水排入污水池，仅占当年样本总量的 5.41%（图 1－7）。

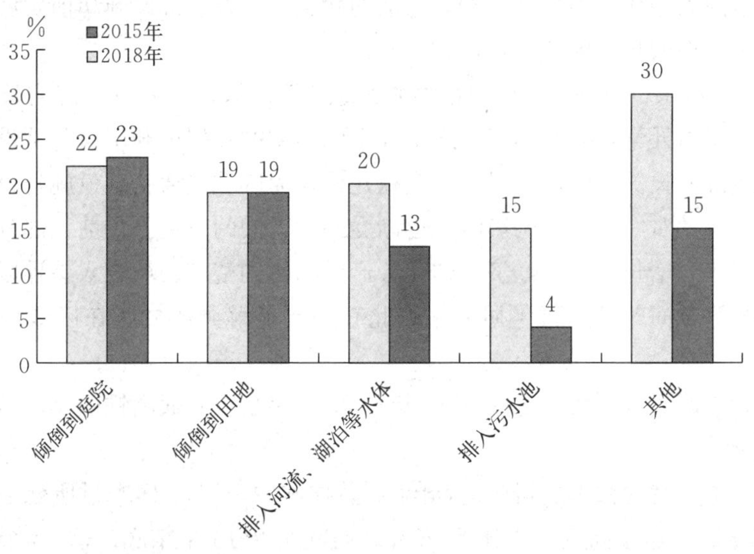

图 1－7　华中三省各村生活污水主要处理方式情况

（三）结论及建议

从上述情况来看，2018 年农村人居环境相较 2015 年得到了一定的改善，但改善程度不高。农村人居环境改善是一项刻不容缓的任务，需要迅速行动起来，让农村环境整治的成果看得见、摸得着。但也应充分认识到任务的长期性。受历史条件和现实环境的制约，公共财政对农村投入长期不足，农村人居环境的欠账较多。增强群众环保意识、改变落后生活习惯也需要一个过程。因此，农村人居环境改善也将是个长期过程，必须坚持以人民为中心，既尽力而为又量力而行，从群众反映最强烈、需求最迫切的突出问题入手，不搞脱离农村实际、违背农民意愿的政绩工程、形象工程。

三、基础设施与公共服务

（一）基础设施

促进基础设施投资是中国促进经济增长的重要经验之一。例如，从改革开放之初，中国就有“要想富，先修路”的说法，在经济发展水平有限的情况下，为了能够筹集充分的资金进行道路建设，中国大量采用“贷款修路、收费还贷”的方式加快公路特别是高速公路建设。通过大量依靠社会资本、借贷进行道路建设，虽然出现了道路收费和物流成本较高的问题，但基础设施建设水平与其他国家相比，中国处于相对超前的状况，这种基础设施超前发展，有力地推动了经济增长（廖茂林等，2018）。

自 Aschauer（1989）开创性地测度美国公共基础设施对经济增长产出弹性以来，国内外学术界利用不同方法和不同类型的数据展开了对基础设施与世界各国经济增长关系的广泛讨论。高铁建设作为区域交通基础设施建设的重要组成部分，其对经济发展的影响也逐渐受到学者们的重视。目前大部分文献从区域经济综合增长、区域经济一体化、产业结构调整、区域收入差异以及居民出行方式等方面对其进行了研究，因此有必要了解调研村所在区域高铁站的情况。

三省被调研各村所处地区 2015 年和 2018 年是否开通高铁的具体情况如图 1－8 所示。

剔除未填写的样本后得到的 98 个有效样本中，94 个样本村所处地区截至 2018 年年底开通了高铁，占比为 96%。而截至 2015 年年底，这 98 个有效样本中仅有 68 个样本所处地区开通了高铁。

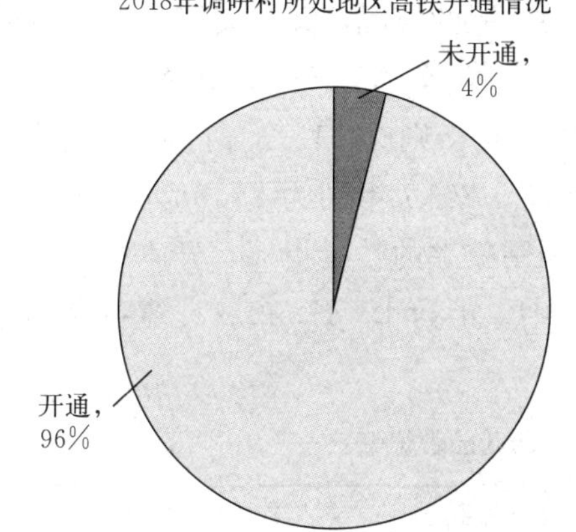

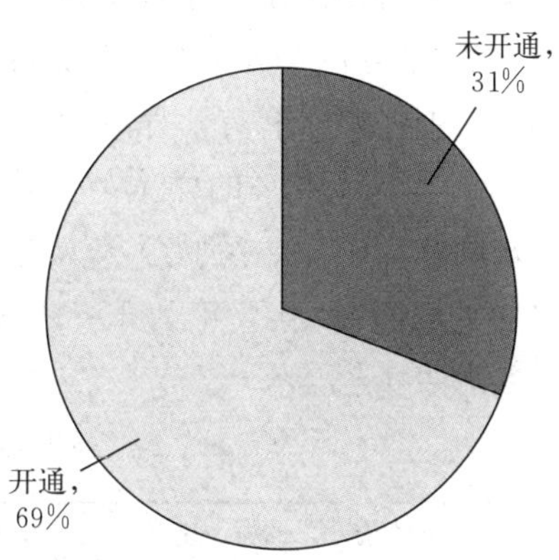

图 1－8　调研村所处地区高铁开通情况

表 1－6　调研村距最近高铁站的平均距离

省份	平均距最近的高铁站距离（千米）	
	2018 年	2015 年
河南省	45.26	37.38
湖北省	64.21	39.45
湖南省	65.97	72.13
总计	58.15	47.57

就距最近的高铁站距离而言，如表 1－6 所示，2015 年三省的样本村距离各自村最近的高铁站距离的平均值为 47.57 千米。其中，河南省受调研村距离各自村最近的高铁站距离的平均值为 37.38 千米；湖北省受调研村距离各自村最近的高铁站距离的平均值为 39.45 千米；而湖南省受调研村距离各自村最近的高铁站距离的平均值为 72.13 千米。

2018 年三省的样本村距离各自村最近的高铁站距离的平均值为 58.15 千米。其中，河南省受调研村距离各自村最近的高铁站距离的平均值为 45.26 千米；湖北省受调研村距离各自村最近的高铁站距离的平均值为 64.21 千米；而湖南省受调研村距离各自村最近的高铁站距离的平均值为 65.97 千米。

（二）公共服务

1. 教育

实施乡村振兴战略，描绘了农村发展的新蓝图。而农村要发展，关键要靠教育，教育兴旺，培育出优秀的人才，为农村发展注入新鲜的血液，乡村才能不断振兴和发展。为此有必要了解当前农村教育的现状。

本次调研记录了关于样本村小学、幼儿园的情况，并获得了 104 个有效样本，其中河南省 35 个，湖北省 33 个，湖南省 36 个。其中，2018 年 51.92%的样本村里有小学，2015 年这一数字则为 31.73%。而对于幼儿园，2018 年 50.96%的样本村里有幼儿园，2015 年则为 27.88%。作为测算学校师资需求量、反映学校人力资源利用效率的数量指标，样本村小学师生比的平均值在 2018 年为 1∶16.95，2015 年为 1∶17.32。具体各省的指标值参见表 1-7。

表 1-7　调研村小学、幼儿园数量情况

省份	村里有小学的村占比（%）		村小学平均师生比		村里有幼儿园的村占比（%）	
	2018	2015	2018	2015	2018	2015
河南省	60.00	40.00	1∶18.87	1∶19.24	57.14	34.29
湖北省	21.21	12.12	1∶13.68	1∶15.55	15.15	15.15
湖南省	72.22	41.67	1∶15.63	1∶15.07	77.78	33.33
总计	51.92	31.73	1∶16.95	1∶17.32	50.96	27.88

2. 技能培训

开展技能培训，是提升劳动者就业创业能力、缓解结构性就业矛盾、促进扩大就业的重要举措，是经济迈向高质量发展的重要支撑。本次调研也记录了样本村开展技能培训的情况。

由表 1-8 可知，2018 年 74.76%的样本村组织了技能培训，其中河南省组织技能培训的比例为 74.29%，湖北省、湖南省则分别为 77.14%和 72.73%。2015 年 42.72%的样本村组织了技能培训，其中河南省组织技能培训的比例为 45.71%，而湖北省、湖南省分别为 48.57%和 33.33%。从参加技能培训的人数来看，三省 2018 年每个村参加技能培训的平均人数为

表 1-8　调研村技能培训情况

	组织技能培训的村占比（%）		每村参加技能培训的平均人数（人）	
	2018 年	2015 年	2018 年	2015 年
河南省	74.29	45.71	78.00	63.44
湖北省	77.14	48.57	117.52	127.75
湖南省	72.73	33.33	86.21	76.67
总计	74.76	42.72	93.91	90.43

93.91 人，其中湖北省最多，河南省最少，分别为 117.52 人和 78 人。2015 年三省每个村参加技能培训的平均人数为 90.43 人，仍旧是湖北省每个村参与技能培训的人数最多，河南省最少，分别为 127.75 人和 63.44 人。

（三）结论与建议

从上述分析可知：农村基础设施有了极大的改变，公共服务水平有了很大的提升。超过半数的农村交通基础设施得到改善，农村教育资源不断整合、教育质量逐步提高，农业技能培训不断增多。但也存在资源要素分配不均，城乡差距较大，以及农户培训针对性和有效性不佳的问题。因此，需推动提高农村教育质量，如在县域范围内推动师资科学流动，不断优化教师资源配置，缩小城乡、校际师资差距，缩小城乡学校教育教学水平差距；重视农村专业技术人才的培养，在完善培训方案方面下功夫，调动农民的积极性与参与意识。

四、社会文化生活

（一）村宗族/家族宗祠情况

中国是一个传统的关系型社会。宗族是中国农村传统的社会性共同体，它以血缘和地域为存在基础，以利益、权利和义务构成宗族成员间的关系基础，以成文或俗成的制度界定行为的规范，以谱牒、祠堂或礼仪作为存在的表象，以文化和观念维系成员的认同（陶东杰等，2019）。在中国农村，宗族作为乡土社会的典型特征到现在依然广泛存在。不少研究表明，宗族网络对促进劳动力流动（郭云南，姚洋，2013）、增加村民收入（王宇锋，2010）、缓解村庄内部的收入差距（郭云南等，2014）、促进农地调整（仇童伟，罗必良，2019）等方面均有显著的作用。因此，了解村庄内的宗族情况对研究中国的农村问题具有重要意义。

问题“村里有几个宗族/家族”获得了 104 个有效数据，其中 40 个样本村村里没有宗族/家族，占比为 38.46％。村中宗族/家族数大于 10 的样本村有 5 个，占比为 4.81％。各村宗族/家族数具体的分布情况如图1－9所示。

而在 64 个有宗族/家族的样本村中，53 个村的宗族/家族有家谱。其中，27 个村有家谱的宗族/家族数不超过 2 个，而仅有 2 个村有家谱的宗族/家族数超过 10 个。各村有家谱的宗族/家族数具体的分布情况如图1－10所示。

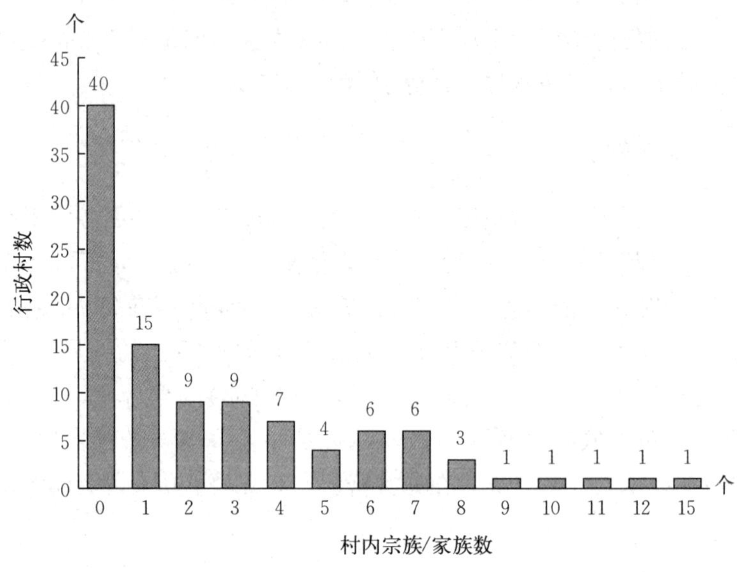

图 1-9　样本村宗族/家族数

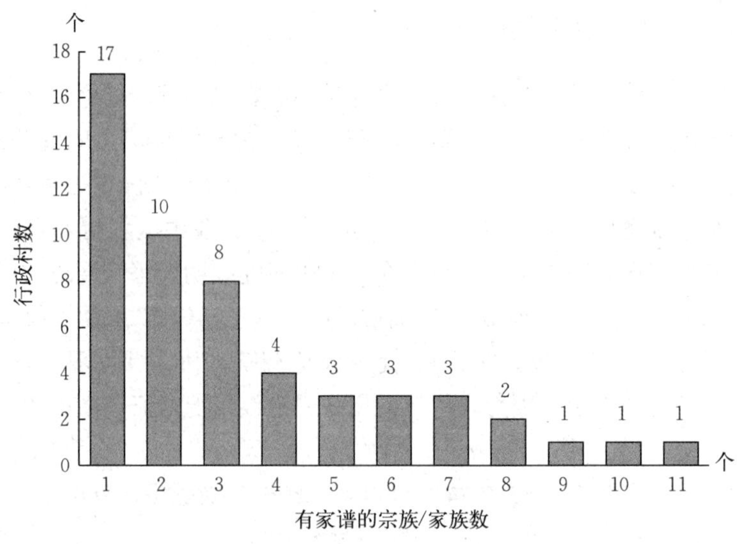

图 1-10　样本村有家谱的宗族/家族数

（二）村里寺、庙和教堂等情况

宗教很早就进入经济学家的视野，马歇尔曾在《经济学原理》第一章提道："世界史的两大构成力量，就是宗教和经济的力量。尚武或艺术精神的热情虽然在各处曾盛行一时，但宗教和经济的影响无时无地不是居于前列；它们差不多一直是比其他一些影响合在一起还要重要。”也有不少学者用实证的方法检验宗教对经济的影响，并得出丰富的结论，如对天堂和地狱的信念可以增加 GDP 的增长率，因为这种信念有益于培养职业道德、诚实、信任和节俭这样的品德（McCleary & Barro，2006；Barro & McCleary，2003）。而按照官方的统计数字和一些学者的局部调查，我国宗教信仰人数的发展速度和绝对数量十分惊人（阮荣平，刘璐琳，2012），因此有必要考察农村宗教信仰现象。

在剔除未填写的 2 个样本村后，问题“村里有没有宗教场所（寺、庙、道观、教堂等）?”得到 106 个有效数据，其中如图 1-11 所示，42 个样本村有包括寺、庙、道观、教堂在内的宗教场所，64 个样本村没有包括寺、庙、道观、教堂在内的宗教场所。

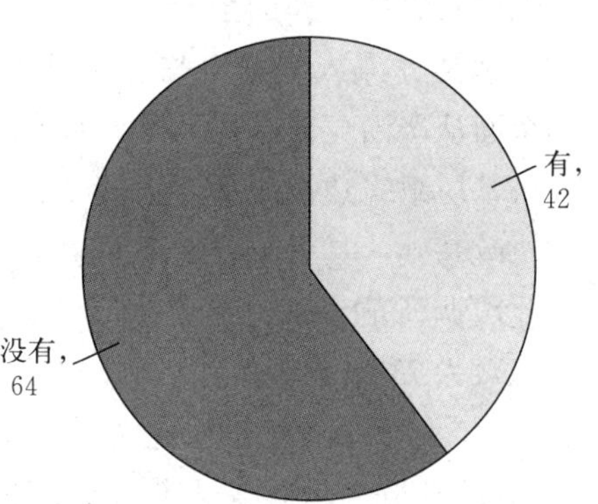

图 1-11　样本村宗教场所统计

对于这 42 个有包括寺、庙、道观、教堂在内宗教场所的样本村，如图 1-12 所示，23 个村只有 1 处宗教场所，10 个村有 2 处宗教场所，5 个村有 3 处宗教场所，分别有 1 个村拥有 4 处和 5 处宗教场所。至于宗教场所的综合类型，这 42 个样本村中 64%的宗教场所为庙，16%为寺，如图 1-13 所示。

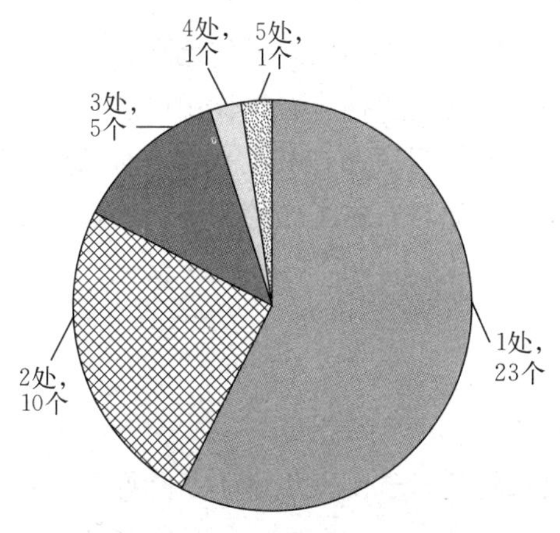

图 1-12　样本村宗教场所数量

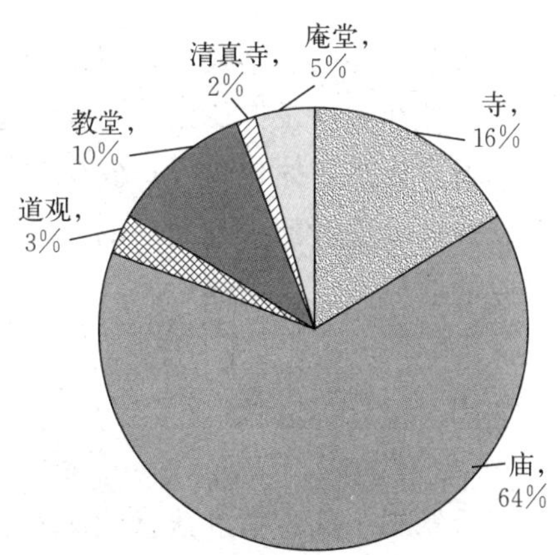

图 1-13　样本村宗教场所类型

（三）样本村党员情况

农村基层党组织是党在农村全部工作和战斗力的基础，坚持党管农村工作，重视和加强农村基层党组织建设是我们党的优良传统。近 20 年来，农村经济社会发生很大变化，特别是党的十八大以来，以习近平同志为核心的党中央推动农业农村发展取得了历史性成就、发生了历史性变革，在坚持和加强党对农村工作的全面领导，坚持党要管党、推动全面从严治党向农村基层延伸上取得重大进展，积累了重要经验。坚持和加强党对农村工作的全面领导，打赢脱贫攻坚战、深入实施乡村振兴战略，推动全面从严治党向基层延伸，提高党的农村基层组织建设质量，巩固党在农村的执政基础，具有十分重要的意义。

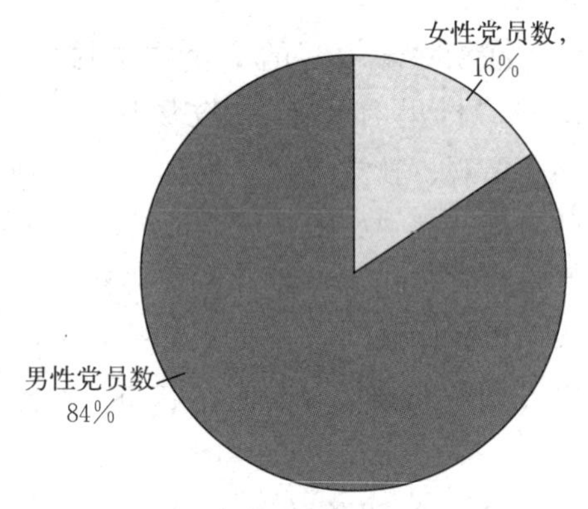

图 1-14　2018 年样本村党员性别比例

此次调研的 108 个样本村 2018 年党员总数为 7137 人，其中：11.64%的党员具有大学及以上文化程度，而 33.23%的党员文化程度是小学及以下；83.63%的党员为男性，仅 16.47%的党员为女性，如图 1-14 显示；59.53%的党员年龄在 50 岁及以上，30 岁以下的党员比例仅有 13.52%；纯务农党员的比例为 56.77%，在外打工党员比例为 25.68%，6.78%的党员自营工商业。

（四）结论

结合上述的总结，可以得出如下结论：宗族作为中国农村传统组织的重要形式仍然在农村发挥作用，不断完善相关机制让其发挥应有的作用可能有助于中国城乡经济一体化建设；农村宗教信仰现象依旧存在，可能是农户对风险以及自身风险应对能力判断后的选择；仍需加强党对农村工作的领导，加强和改进党的农村基层组织建设。

五、社会保障

近年来，随着精准扶贫的深入，我国农村地区贫困发生率不断降低，农村地区经济发展迅速，基础设施建设逐渐完善，农民越来越追求更高水平的生活。但是农村的民生建设一直以来都落后于城市，为了提高农村居民幸福感、获得感和社会主义建设参与感，我国近年来注重完善农村地区福利建设，在农村医疗保障体系、农村居民子女教育保障体系以及丰富农村居民娱乐文化生活方面做了很大改善。在全面建成小康社会的目标即将完成之际，了解目前农村地区医疗保障状况和村民福利情况，并在此基础上提出进一步加强农村社会保障的建议是非常重要的。

（一）医疗保障情况

在三省共108个样本村中，剔除无效样本数据后，获得106个有效样本数据，分别是河南省35个，湖北省35个，湖南省36个。根据“2018年村里有多少个诊所”“其中，标准化集体村诊所有多少个?”“2018年，村里的诊所一共有多少个医生?”“2018年，村里是否有农户遭受大病”“2018年，集体对大病农户是否有补助”等5个问题，调查样本村中的村民医疗条件状况，数据统计如表1-9所示。可以发现，平均每村拥有的诊所数量为1.37个，湖南省平均每村1.56个，河南省平均每村1.54个，湖北省平均每村1个。村均标准化诊所数量低于总诊所数量，河南省、湖北省、湖南省分别为1个、0.89个、1.14个，三省总平均每村标准化诊所数量为1.01个。三省平均每村医生数量为1.83个，其中河南省最多，为2.4人；湖南省次之，为1.67人；湖北省最少，为1.43人。当村里有农户患大病时，三省样本村中，会对大病农户进行补助的村数量占比为52.83%，其中湖南省最多，为63.89%；河南省次之，为51.43%；湖北省最少，为42.86%。由表1-9整体可以看出，三省的村级医疗条件以及村集体的大病补助政策上，湖北省较其他两省情况较差。

表1-9　医疗条件情况

省份	平均每村诊所数量（个）	平均每村标准化诊所数量（个）	平均每村医生数量（个）	对大病农户有补助的村数量占比（%）
河南省	1.54	1.00	2.40	51.43
湖北省	1.00	0.89	1.43	42.86
湖南省	1.56	1.14	1.67	63.89
总计	1.37	1.01	1.83	52.83

调研组针对新农保的参保情况进行调查，根据询问“2018年贵村符合新农保参保缴费条件的人中有多少比例的人参加新农保并缴费?”“2018年，对于新农保的一般参保人，除了上级政府补贴外，贵村对个人缴费有没有补助?”

“2018 年，贵村对个人缴纳保费最高那一档每人每年补助多少钱?”“2018 年，贵村对个人缴纳保费最低那一档每人每年补助多少钱?”“2018 年，贵村新农保参保人去世时，有多少丧葬补贴?”等 5 个问题来了解村里农户参加新农保以及村级支持政策的情况，调查数据整理如表 1－10 所示。三省总的农户参加新农保的比例为 91.43%，其中，湖南省样本村中农户参加新农保的平均比例为 96.06%，河南省样本村中农户参加新农保的平均比例有 91.95%，湖北省为 85.85%。根据调查结果，对于新农保的一般参保人，除了上级政府补贴外，村里对个人缴费有补助的村数量很少，河南省、湖北省、湖南省分别为 5.71%、5.71%、5.56%，额外补助金额从 30 元到 220 元不等。新农保参保人去世时，有丧葬补贴的村数量相对较多，三省共有 26.42%的村会有此政策，其中湖北省有 45.71%，湖南省有 22.22%，河南省有 11.43%。三省平均丧葬补贴金额为 1 253.25 元，在进行丧葬补贴时，湖北省有 11.43%的村采取了对贫困户与一般户补助不同金额的政策，对贫困户的补助力度更大。

表 1－10　新农保与丧葬补贴情况表

省份	参加新农保平均比例（%）	对新农保参保人个人缴费有额外补助的村数量的占比（%）	有丧葬补贴的村数量占比（%）	平均丧葬补贴金额（元）
河南省	91.95	5.71	11.43	1 850.00
湖北省	85.85	5.71	45.71	846.67
湖南省	96.06	5.56	22.22	1 564.75
总计	91.43	5.66	26.42	1 253.25

（二）村民福利情况

根据“2018 年，村里是否组织农户外出旅游?”“2018 年，村里资助村民子女教育花了多少钱?”“2018 年，村里资助村民组织或参加文娱活动花了多少钱?”“2018 年，村里是否有场所专门供村民聚会或者开展集体活动?”4 个问题来了解样本村给予村民的福利支持情况，调研数据整理如表 1－11 所示。三省样本村中有 4.72%的村组织过农户外出旅游，其中河南省有 8.57%，湖北省有 5.71%，湖南省调研样本中没有村集体组织农户外出旅游的村子。从村里资助村民子女教育花费的金额来看，三省平均每村花费的金额为 5 356.90 元，其中湖南省最多，湖北省最少。2018 年，村里资助村民组织或参加文娱活动而花费的金额三省平均每村 10 679.89 元，其中湖南省最多，河南省最少。三省调研样本中有80.19%的村有专门用于村民聚会或开展集体活动的场所，河南省占比最多，湖北省占比最少。综合来看，三省样本村都有用于增加村民福利的政策，只是侧重点不同，湖南省更侧重于资助村民子女教育以及支持村民文娱活动；河南省更侧重于场所设施的建设。

表1-11　村民福利情况

省份	组织农户外出旅游的村占比（%）	平均每村用于资助村民子女教育金额（元）	平均资助村民文娱活动金额（元）	有专门的农户聚会或集体活动场所的村占比（%）
河南省	8.57	4 909.27	2 985.89	85.71
湖北省	5.71	2 648.11	10 282.35	71.43
湖南省	0.00	8 781.25	19 517.59	83.33
总计	4.72	5 356.90	10 679.89	80.19

（三）结论与建议

综合分析结果，农村社会保障有了一定的发展。医疗基础设施达到了全国平均值的数量，平均达到了每村1个卫生室，但农村医护人员配给尚且不足。农民新农保参与比例较高，有1/10左右的符合条件的农户未参保，并且湖北省参保比例较其他两省低。村民的文化生活有很大改善，村民福利增强，但类型较为单一。因此，应提高农村医疗工作者的数量和质量，保障村民就诊条件。同时，应注意完善医疗设施建设，进一步改善村民就医环境，为村民提供可靠、便捷的医疗服务。进一步加强新农保的鼓励和宣传，对家庭有困难的贫困户给予适当新农保参保补助，实现新农保的全覆盖。此外，村集体应多组织村民举办有当地特色、体现当地历史文化特点的文娱活动，丰富村民的业余生活，激发农村活力。

六、扶贫概况

贫困是全世界面临的最大挑战，消除贫困是全世界的共同使命，党的十八大以来，以习近平同志为核心的党中央带领全国人民推进脱贫攻坚，极大丰富拓展了中国特色扶贫开发的理论和实践，为全球扶贫事业提供了中国经验、中国范例。党的十九大以来，党中央进一步精准把脉，见微知著，聚焦深度贫困地区脱贫攻坚工作，强调要“重点攻克深度贫困地区脱贫任务”“做到脱真贫、真脱贫”，我们的目标是到 2020 年整体消除绝对贫困。目前，全国贫困县陆续脱贫摘帽，扶贫效果显著，贫困发生率大大降低。在此背景下，为了了解调研省份村级层面的扶贫情况，调研组展开关于扶贫情况的调查，并整理数据得出结论，提出合理政策建议。

（一）调研村扶贫情况

在 108 个样本村中，剔除本模块的无效样本后，一共获得 95 个有效样本，其中河南省 34 个样本村，湖北省 33 个样本村，湖南省 28 个样本村。根据“是否建档立卡贫困村”“建档立卡贫困户数量（户）”“建档立卡贫困户人口数量（人）”整理数据见表 1－12。表中第一列“建档立卡贫困村数量占本省总有效样本村的比例”是指本省建档立卡贫困村数量占本省有效样本数的比例，总计是指三省全部建档立卡贫困村数量占总有效样本的比例。

表 1－12　样本村 2015 年、2018 年扶贫情况

省份	建档立卡贫困村数量占本省总有效样本村的比例（%）		平均每村建档立卡贫困户数量（户）			平均每村建档立卡贫困人口数量（人）		
	2018	2015	2018	2015	变化幅度（%）	2018	2015	变化幅度（%）
河南省	32.35	35.29	30.50	34.94	−12.70	96.32	126.63	−23.93
湖北省	42.42	39.39	67.50	75.74	−10.88	166.43	172.56	−3.55
湖南省	25.00	28.57	74.83	76.18	−1.78	241.52	245.33	−1.55
总占比	33.68	34.74	54.68	59.74	−8.47	160.99	176.40	−8.74

可以发现，2018 年总的贫困村数量占比有小幅下降，从 2015 年的 34.74%下降为 2018 年的 33.68%。从三省的贫困村数量占比来看，湖北省贫困村的比例最高，三省贫困村的占比都有不同程度的下降或上升，河南省从 35.29%降为 32.35%，湖北省从 39.39%增为 42.42%，湖南省从 28.57%降为 25%。

从 2018 年平均每村建档立卡贫困户数量来看，湖南省最多，为 74.83 户，河南省最少，为 30.5 户；2015 年到 2018 年的平均每村贫困户数量变化总体上是减少的，从 59.74 户减少为 54.68 户，减少 8.47%。从三省平均每村建档立卡贫困户数量变化上看，三省均有不同幅度的下降，河南省从 34.94 户减少为 30.5 户，减少幅度最大；湖北省从 75.74 户减少到 67.50 户，减少幅度次之；湖南省从 76.18 户减少为 74.83 户，减少幅度最小。

从平均每村建档立卡贫困人口数量来看，总体上是减少的，从 2015 年的平均每村 176.4 人减少为 2018 年的平均每村 160.99 人，减少了 8.74%，其中 2018 年湖南省平均每村建档立卡贫困人口数量最多，河南省最少。从三省平均每村建档立卡贫困人口数量变化情况看，河南省从 2015 年平均每村 126.63 人，减少为 2018 年的平均每村 96.32 人，减少幅度最大；湖北省从 172.56 人减为 166.43 人，减少幅度次之；湖南省从 245.33 人减少为 241.52 人，减少幅度最小。

（二）结论与建议

总体上看，三省扶贫都取得了一定成果，总贫困村数量、平均每村建档立卡贫困户数量以及平均每村建档立卡贫困人口数量都有不同程度的减少，但是三省之间的扶贫效率有较大差异。河南省贫困发生率减少最显著，平均每村建档立卡贫困户数量以及平均每村建档立卡贫困人口数量都有较大幅度减少。根据以上结论，可以提出以下建议：第一，应进一步加大扶贫力度，突出脱贫短板，强化精准扶贫效果，在贫困县整体摘帽的基础上，减少贫困村比例。第二，完善贫困村民生建设，推进精准扶贫，防止已脱贫人口返贫，切实减少贫困发生率，争取早日脱贫摘帽。

第二部分　农户生计资本状况

生计资本是家庭资源禀赋中可转化成经济资产或家庭收入来源的重要组成部分。在英国国际发展署（UK Department for International Development，简称DFID）提出的可持续生计分析框架中，生计资本被划分为人力资本、自然资本、物质资本、金融资本和社会资本。在总结已有研究的基础上（吴乐，靳乐山，2018；纪红蕾，蔡银莺，2017），此次农村调查设置了五大类资本的具体指标。

一、人力资本*

人力资本，亦称非物质资本，与物质资本相对，其主要特点在于它与人身自由联系在一起，不随产品的出卖而转移，包括农户拥有的劳动力质量、知识水平和劳动技能等。人力资本的具体指标设置为农户性别、年龄、民族、教育水平、婚姻和健康状况等。

（一）性别、民族、户口类型

此次调研的1 080户农户数据中，根据性别、民族以及户口分布获得的有效样本总数为973～989户。见表2－1和图2－1。其中男性（户主）927人，占比93.73％，女性62人，占比6.27％。样本中绝大部分受访者是男性。此次调研中，受访者多为户主，而农户家庭户主多为男性。样本中的女性受访者出现的主要原因是代替户主进行访谈调研，相关的个人信息数据被单独记录，且记录其与户主之间的关系。鉴于本次调研并没有涉及不同家庭成员的社会经济相关信息，因此数据中不包括个人级别的相关信息，这也是造成数据中受访者性别比显著不为1的原因。

受访农户中，94.66％的农户为汉族，其余为侗族和土家族，总体民族分布较为单一，但也符合受访地区的民族分布特征[①]。此次调研中，持农业户口

---

* 本部分执笔人：张泽宇，参与人：齐霁、李东瑾。

① 根据人口普查数据，2018年各省汉族人口占比为：湖北省95.99％，湖南省89.79％，河南省98.78％。

的农户有978户，占比高达99.19%，也有8户（0.81%）是持非农业户口的受访对象。

表2-1　受访对象的性别、民族、户口类型分布

分类		频数	百分比（%）
性别	男	927	93.73
	女	62	6.27
	总计	989	100.00
民族	汉族	921	94.66
	侗族	50	5.14
	土家族	2	0.20
	总计	973	100.00
户口	农业	978	99.19
	非农业	8	0.81
	总计	986	100.00

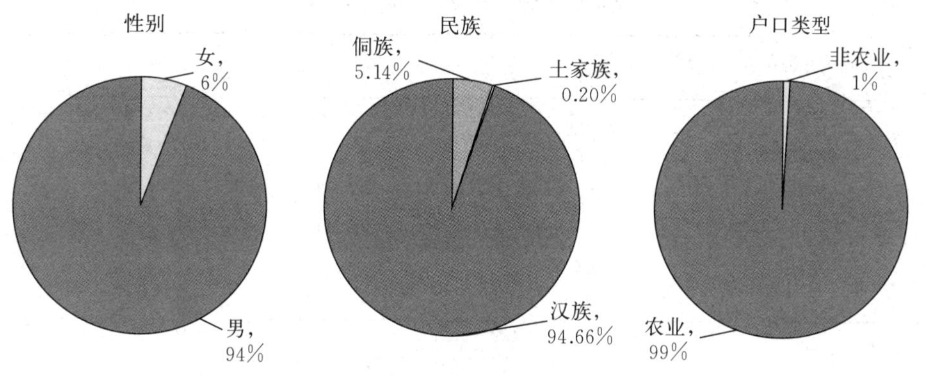

图2-1　受访者的性别、民族、户口类型分布

（二）健康状况

受访者的身高、体重与年龄分布如表2-2所示，平均身高为167.45厘米，众数为170厘米，样本数据与人口普查数据所描述的男性平均167.1厘米与女性平均155.8厘米基本吻合。本次调研抽样的受访对象平均体重为66.96千克，众数为60千克。根据BMI计算公式，样本中受访对象的平均BMI为23.9，属于正常偏高，反映了受访对象的身体素质在均值上基本属于正常水平。

表 2-2 受访对象的身高、体重、年龄

	身高（厘米）	体重（千克）	年龄（岁）
平均	167.45	66.96	56.64
中位数	168	65	57
众数	170	60	57
最小值	140	38	30
最大值	185	695	85
观测数	988	988	988

由于农村体力劳动的需要，受访对象的身体健康状况受到了特别的关注。数据中还包括农户自评的健康状况变量，由农户自评的健康状况反映了农户对自身健康水平的认知，属于主观数据。参见表 2-3 和图 2-2，在健康状况方面的几个分类中，答“很健康”和“比较健康”的受访者占比最多，分别为30.96%和31.18%，绝大多数受访者的健康状况在一般及以上，这部分占比81.77%。因此，样本中农户对于健康水平的认知整体较为乐观。

表 2-3 受访对象的健康状况自评

健康状况	频数	百分比（%）	累计百分比（%）
很健康	287	30.96	30.96
比较健康	289	31.18	62.14
一般	182	19.63	81.77
不健康	157	16.94	98.71
很不健康	12	1.29	100.00
总计	927	100.00	

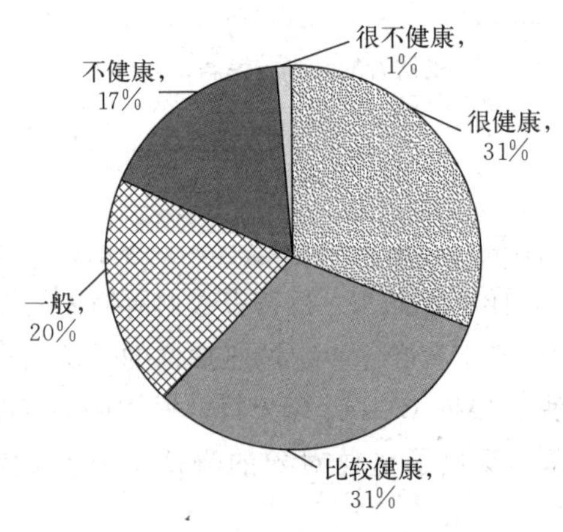

图 2-2 受访者的健康状况自评

样本的年龄均值约为 56 岁，中位数和众数均为 57 岁，且从表 2-4 与图 2-3中可以看出，若以 10 年为一个区间，样本中年龄段分布在 50～60 岁区间的居多。整体来说，样本以 50～70 岁的中老年为主，占比 66.80%。基于农村地区劳动力向城市转移的现状，结合农村生育政策导致的老龄化初现，样本的年龄结构不难解释。且农户在以家庭为中心的一定范围内进行农业生产活动，由于进城务工的群体在抽样调查期间被排除在了受访对象之外，在固定村镇进行访谈式调研收集数据，得到的是相对固定在农村范围的人群，结合农村年轻家庭的高劳动流转率等因素，可以得出可能导致此次调研的受访群体以 50～70 岁为主的年龄分布的原因。

表 2-4　受访对象的年龄分布

年龄（岁）	百分比（%）	累计百分比（%）
30～40	4.72	4.72
40～50	21.31	26.03
50～60	38.21	64.24
60～70	28.59	92.83
70～80	6.78	99.61
>80	0.88	100.00

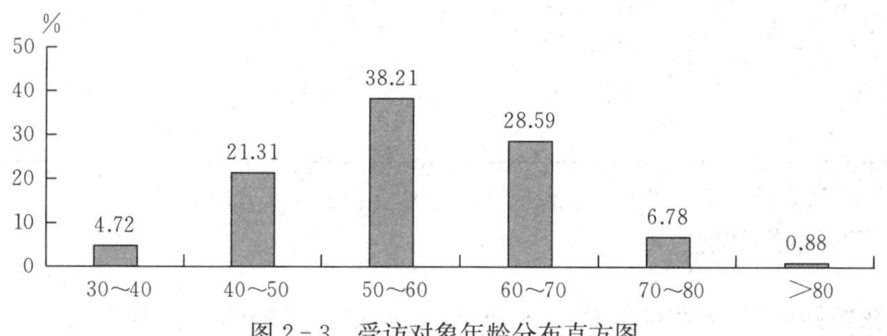

图 2-3　受访对象年龄分布直方图

（三）教育水平

受教育年限方面，具体见表 2-5，样本平均受教育年限为 7.15 年，其中最小值为 0 年，最大值为 16 年。如表 2-5 和图 2-4 所示，从分布上来看，样本受教育年限主要集中在 9 年以下（小学、初中学历），占比 84.58%，整体受教育水平普遍偏低。

表 2-5　受访对象的受教育年限

变量	频数	均值	标准差	最小值	最大值
受教育年限	1 018	7.15	3.08	0	16

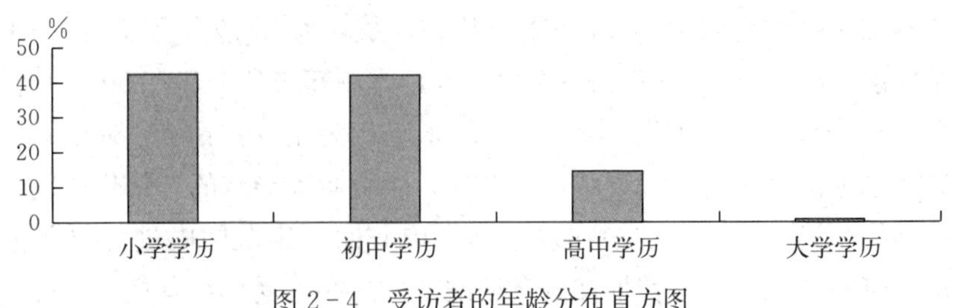

图 2－4　受访者的年龄分布直方图

在所有样本的受教育年限中，接受 9 年教育的人数占样本量的 84.58%，也就是有将近 16%的受访者在初中毕业后就不再上学。虽然国家大力推进九年义务教育，但是在华中部分农村地区，由于农业技术与校园知识没有很好对接、受教育的机会成本较高、务农的边际收益显著、农户家庭对于农业的依赖程度高于对学校教育的依赖程度等可能的原因，有 42.44%的受访对象并没有完成义务教育阶段的学习（表 2－6）。

表 2－6　受访对象的教育水平分布

受教育年限（年）	文化程度	百分比（%）	累计百分比（%）
>6	小学学历	42.44	42.44
6～9	初中学历	42.14	84.58
9～12	高中学历	14.54	99.12
>12	大学学历	0.88	100.00

（四）婚姻状况

在婚姻状况方面如表 2－7 和图 2－5 所示，已婚的受访者占比 93.53%，离婚、未婚、丧偶的受访者共占比不到 7%，因此样本中绝大多数的婚姻状况为已婚（不是户主的情况下其婚姻状态未知，因此将与业主关系为“配偶”的受访者的婚姻状况默认为“已婚”，由此筛选出有效样本数 989）。

在婚姻相关的数据中，受访农户的婚姻状况以已婚为主，反映了华中地区农村家庭结构的主体成分以稳定的婚姻家庭为主的现状。涉及未在已婚状况的农户，以婚姻状态自然结束为主，离婚率仅为 0.61%，说明从事农业生产的农户家庭的婚姻家庭关系相对稳定。在我国相关人口普查数据中，也有农村离婚率显著低于城市的现实状况，与此次调研取得的样本数据提供了相似的信息。

表 2-7　受访对象的婚姻状况分布

婚姻状况	频数	百分比（%）
已婚	925	93.53
未婚	12	1.21
离婚	6	0.61
丧偶	46	4.65
总计	989	100.00

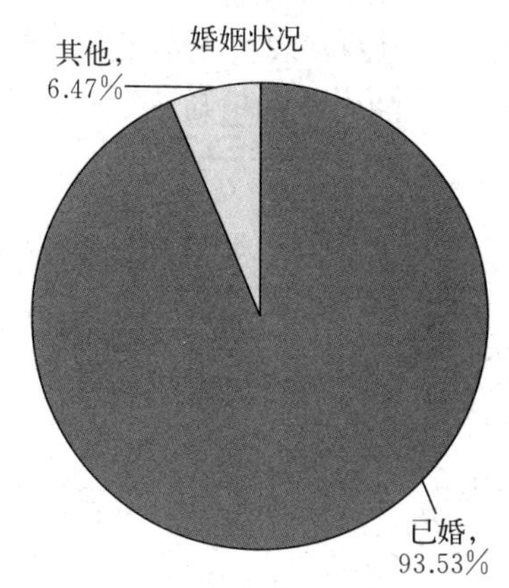

图 2-5　受访对象的婚姻状况分布图

（五）结论与建议

综合以上对调研样本农户的人力资本的描述，样本中绝大部分为男性已婚，身体素质基本上属于正常水平，农户受教育水平普遍偏低。可以看出，农村人力资本的总体水平不高。主要是受教育水平普遍偏低，因此，加大农村的教育投入，支持农村教育事业的发展有利于提升农村人力资本的质量。

二、自然资本*

自然资本指农户生产过程中拥有的自然资源，主要包括耕地、林地、草场等。根据调研地区的资源概况，将自然资本的具体指标设置为农户家庭的耕地和林地情况。

* 本部分执笔人：熊航，参与人：谭晓燕。

（一）农户土地资源概况

1. 农户土地基本情况

在农村社会，土地不仅是一种有价格的生产要素，具有经济属性，而且代表了农户在村庄社区内的社会关系和社会地位，具有社会属性。如表 2－8 所示，在总样本 1 080 户中，1 070 户有经营耕地，99%的农户有耕地可经营。801 户拿到了“农村土地承包经营权证”或“不动产权证书”，占比 74%，269 户没有拿到。土地确权对农户的土地权力进行进一步明确。对“确权登记”的内容，在 801 户拿到了经营耕地的“农村土地承包经营权证”或“不动产权证书”农户中，有 506 户即 63%的农户知道耕地“确权登记”的内容，295 户不知道“确权登记”的内容，占比 37%。

表 2－8　农户土地资源概况表

	是	比例（%）	否	比例（%）
是否有耕地	1070	99	10	1
是否拿到“农村土地承包经营权证”或“不动产权证书”	801	74	269	26
是否知道“确权登记”的内容	506	63	295	37

在“农村土地承包经营权证”或“不动产权证书”的获得时间上，801 户农户最近一次拿到了经营耕地的“农村土地承包经营权证”或“不动产权证书”的具体时间存在差异，主要集中在 2017 年和 2018 年，其中 349 户在 2017 年拿到证书，219 户在 2018 年拿到证书。这也符合国家推行的农村土地承包经营权证政策的时间，见图 2－6。

在土地确权颁证的过程中，进行土地测量一方面有利于了解我国耕地经营状况，另一方面有利于保障农户合法权益。在被调研的 1 080 个有效样本农户中，有 826 户的耕地因确权登记进行过测量，去掉 2 户缺失数据后，其他 824 户经营耕地的测量时间集中在 2016—2018 年，其中 319 户经营耕地的测量时间为 2017 年，173 户经营耕地的测量时间为 2016 年，161 户经营耕地的测量时间为 2018 年。在 826 户拿到土地经营权证的农户中，有 242 户（29%）的土地确权（测量）后的面积比确权（测量）前增大，72 户（9%）土地确权（测量）后的面积比确权（测量）前减小，512 户（62%）土地确权（测量）后的面积和确权（测量）前一样，具体比例如图 2－7 所示。

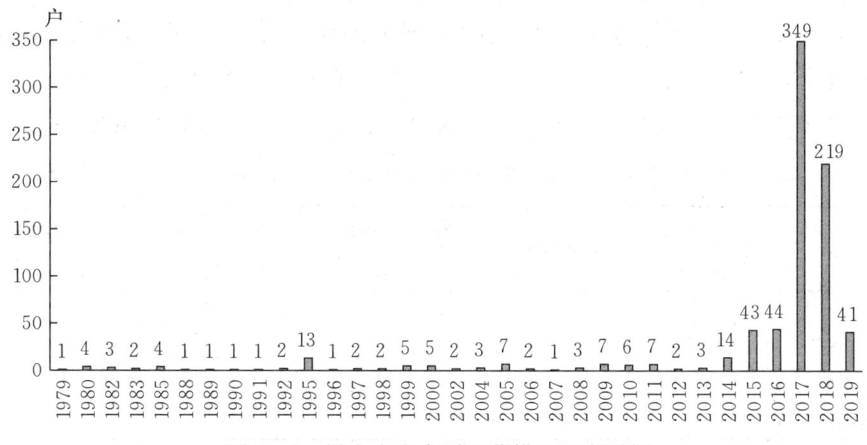

图 2-6 样本农户拿到经营耕地证书时间

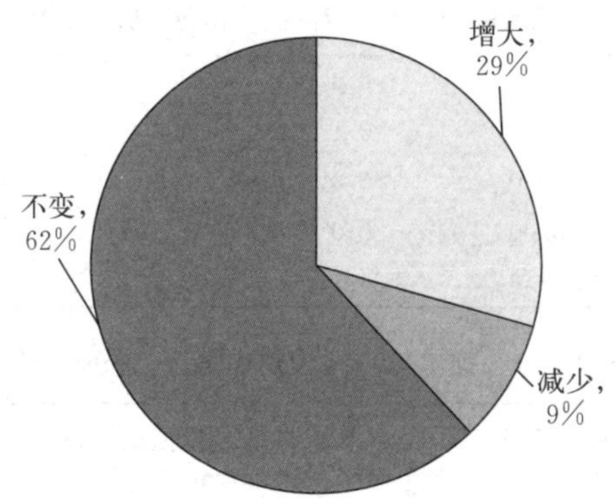

图 2-7 耕地确权前后，样本农户的耕地面积变化

2. 农户土地经营情况

土地作为农户农业生产的重要因素，对其生产效率和农户收入有着重要的影响。农户土地的经营状况能较好地反映农户的土地利用情况，从而反映农户的收入状况，样本农户经营耕地情况如表 2-9 所示。虽然样本农户土地经营面积之间的差距较大，但 2018 年样本农户自家经营的平均耕地为 10.7 亩，平均分为 7.2 块，主要来自家庭承包的耕地，其次是承包村里的机动地和自己开荒的四边地。从地形来看，如表 2-10 所示，样本农户经营耕地中的平地面积占比最大，其次是坡地，总体地形较平坦。为进一步了解农户土地的经营状况，分别对农户经营土地的地形、地类和灌溉水源三方面进行了具体的分析。从地类来看，如表 2-11 所示，水田面积占比最大，其次是旱地，最后是水浇

地。这与华中地区的种植结构以水稻为主相一致。从灌溉水源来看，如表2-12所示，农户经营的耕地以用地表水灌溉的耕地为主，平均面积为 6.6 亩；使用地下水灌溉的平均面积为 1.9 亩；既能用地下水也能用地表水灌溉的平均面积为 0.6 亩，地表水为土地的主要水源，这也符合华中地区的气候环境。

表 2-9　样本农户经营耕地情况（按来源分）

	2018 年经营的自家耕地的面（亩）	地块数	家庭承包的耕地（亩）	承包村里的机动地（亩）	自己开荒的四边地（亩）
平均	10.7	7.2	8.5	0.9	0.5
标准误差	1.0	1.0	0.9	0.3	0.2
最小值	0.0	0.0	0.0	0.0	0.0
最大值	810.0	1 000.0	800.0	260.2	150.0

表 2-10　样本农户经营耕地情况（按地形分）

	平地面积	坡地面积	梯田面积	山地面积	河滩面积	其他地形面积
平均值	7.5	2.0	0.6	0.6	0.1	0.1
标准误差	0.7	0.4	0.1	0.3	0.0	0.0
最小值	0.0	0.0	0.0	0.0	0.0	0.0
最大值	486.0	359.0	80.0	324.0	22.0	30.4
求和	8 019.1	2 128.6	634.1	603.5	53.4	66.3

表 2-11　样本农户经营耕地情况（按地类分）

	水田面积	水浇地面积	旱地面积
平均	5.3	1.8	3.7
标准误差	0.9	0.2	0.4
最小值	0.0	0.0	0.0
最大值	790.0	129.0	379.0
求和	5 612.8	1 892.8	3 983.7

表 2-12　样本农户经营耕地情况（按灌溉来源分）

	仅能用地表水灌溉面积	仅能用地下水灌溉面积	既能用地下水也能用地表水灌溉面积
平均	6.6	1.9	0.6
标准误差	1.0	0.2	0.2
最小值	0.0	0.0	0.0
最大值	810.0	62.0	124.0
求和	5 936.6	1 665.2	515.5

（二）农户林地资源概况

1. 林地资源基本情况

林地包含众多的生态资源，林地的合理利用能为农户创造财富。如表2－13所示，在总样本1 080户中，685户没有经营林地，总共395户样本农户有经营林地。其中199户的林地拿到了“林权证”或“不动产权证书”，最近一次拿到证书的时间主要集中在2017年、2004年、2009年、2018年。

表2－13　农户林地资源概况表

	是	比例（%）	否	比例（%）
是否有林地	395	37	685	63
是否拿到“林权证”或“不动产权证书”	199	50.4	196	49.6
林地是否进行过测量	162			

总共162户农户自家的林地被测量，其中31户（19%）认为林地确权（测量）后的面积比确权测量前大，14户（9%）认为林地确权测量后的面积比确权测量前小，117户（72%）认为林地确权测量后的面积和确权测量前一样，如图2－8所示。

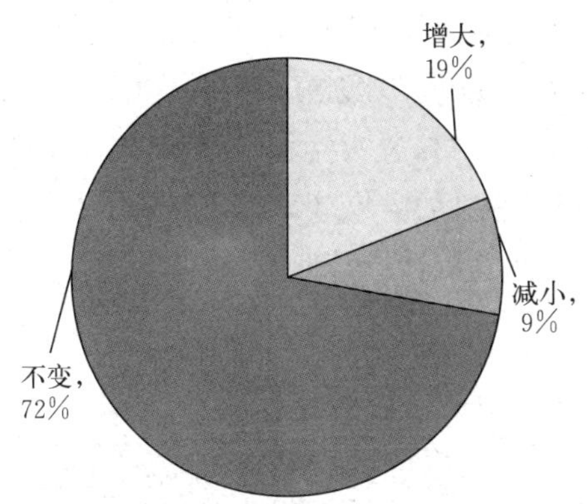

图2－8　林地确权前后样本农户的林地面积变化

2. 林地经营情况

林地也可作为农户拥有的自然资本，其经营状况反映农户的资本存量。此次调研对林地进行了详细的分类，如表2－14所示，对于样本农户拥有的林地，家庭实际经营的林地平均水平为19.5亩，主要来自家庭承包的林地，占比71%；其次是转入的林地，转出的林地面积较小；在林地的用途上，用作园林的林地平均为0.7亩；农户拥有的林地基本未改作他用，这可能与林地保护政策相关。

表 2-14 样本农户经营林地情况

	家庭承包的林地	承包的村里机动林地	自己开荒的林地	转出的林地	用作园地的林地	改作他用的林地	因灾损毁的林地	转入的林地	实际经营的林地
平均	13.9	3.0	0.3	0.1	0.7	0.0	0.1	3.3	19.5
众数	3.0	0.0	0.0	0.0	0.0	0.0	0.0	0.0	0.0
最小值	0.0	0.0	0.0	0.0	0.0	0.0	0.0	0.0	−13.2
最大值	400.0	1 000.0	22.0	30.0	50.0	4.0	20.0	1 000.0	1 400.0
求和	5 672.9	1 204.8	127.8	60.2	293.5	9.0	46.8	1 356.4	7 920.2

（三）农户土地流转情况

农村土地流转是建设现代农业、推动农业适度规模化经营的有效手段。为了解华中地区农户土地流转的基本情况，分别从土地转入和转出的角度对样本农户进行访谈。

1. 土地转出情况

样本农户中，2018 年共有 143 户农户家的耕地处于转出状态，转出比例为 13%。土地转出的主要对象中，按照比例大小分别为熟人、亲戚、村集体、村小组、企业、合作社、家庭农场等，38 户（27%）流转给熟人，20 户（14%）流转给亲戚，16 户（11%）流转给村集体，13 户（9%）流转给村小组，12 户（8%）流转给企业，7 户（5%）流转给合作社，3 户（2%）流转给家庭农场，34 户（24%）流转给其他农户（图 2-9）。

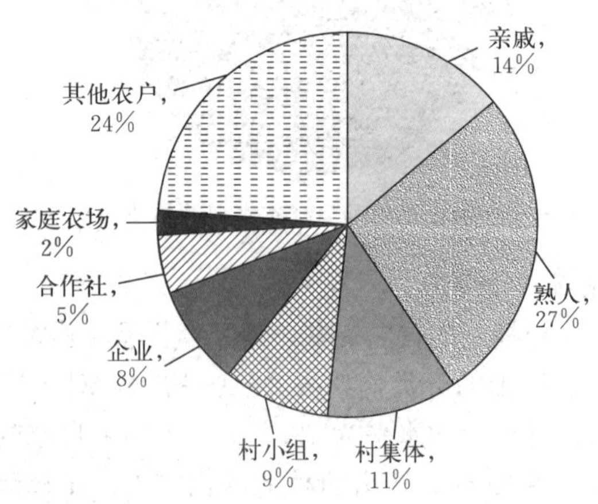

图 2-9 样本农户 2018 年耕地的转出对象情况

从耕地的转入者来看，去掉 1 户缺失数据，总共 142 户中，有 98 户的耕地转入者来自本村，15 户的转入者来自本乡外村，13 户的转入者来自本县外乡，6 户的转入者来自本省外县，10 户的转入者来自外省（表 2-15）。

表 2-15　样本农户经营耕地转出对象情况

来源	户数（户）	比例（%）
本村	98	69
本省外县	6	4
本县外乡	13	9
本乡外村	15	11
外省	10	7
总计	142	100

从 142 位农户土地 2018 年的转出价格来看，平均每亩流转农地的价格为 472 元，流转价格的标准差为 653.7 元，最大值为 6 000 元/亩，可见转出价格差距较大。中位数为 300 元，表示土地流转的主要价格为 300 元左右。

土地转出形式方面，从 2018 年的耕地转出来看，在总计 143 户农户中，有 79 户农户的耕地转出行为没有签订书面合同，64 户签订了书面合同；80 户农户的耕地转出行为没有通过乡或村的土地流转平台，只有 63 户通过了土地流转平台（图 2-10）。

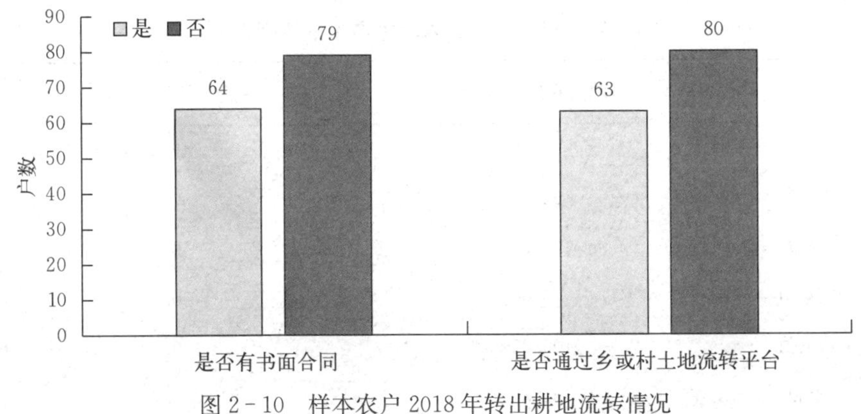

图 2-10　样本农户 2018 年转出耕地流转情况

2. 土地转入情况

土地转入方面，如表 2－16 所示，1 080 户样本农户中共有 416 户农户存在转入土地的情况，占比 39%。在 39%转入土地的农户中，最大转入面积达 660 亩，平均转入 35.6 亩耕地，平均地块为 16.1 块，转入土地面积的众数为 3 亩，也就是样本农户土地流转规模集中在 3 亩。

表 2－16　样本农户转入耕地情况

	转入面积（单位：亩）	地块数
平均	35.6	16.1
标准误差	3.6	2.7
中位数	8.0	4.0
众数	3.0	1.0
最小值	0.3	1.0
最大值	660.0	616.0

农户转入的土地质量从土壤肥力、土地地形、地类和灌溉来源进行衡量，见表 2－17、表 2－18、表 2－19、表 2－20。从耕地肥力来看，肥力高的耕地占比平均为 57.48%，肥力低的耕地占比为 42.52%，可见样本农户转入的耕地大部分土壤肥力较好。从地形来看，样本农户转入的耕地中主要是平地，占比达到 73%，其次是坡地和梯田，占比都为 11.7%，而山地和河滩的占比较小。从地类来看，转入耕地的样本农户平均转入 17.9 亩水田和 12 亩水浇地，而旱地占比较小。从灌溉水源来看，转入的耕地中，平均 74%仅能用地表水灌溉，19.5%仅能用地下水灌溉，3.3%既能用地表水又能用地下水灌溉。

表 2－17　样本农户转入耕地情况（按肥力分）

	肥力高的地占比	肥力低的地占比
平均	57.48	42.52
中位数	50.00	50.00
众数	100.00	0.00
最小值	0.00	0.00
最大值	100.00	100.00
求和	23 912.30	17 687.70

表 2-18　样本农户转入耕地情况（按地形分）

	平地占比（%）	坡地占比（%）	梯田占比（%）	山地占比（%）	河滩占比（%）	其他地形占比（%）
平均	73.0	11.7	11.7	2.4	0.7	0.5
中位数	100.0	0.0	0.0	0.0	0.0	0.0
众数	100.0	0.0	0.0	0.0	0.0	0.0
最小值	0.0	0.0	0.0	0.0	0.0	0.0
最大值	100.0	100.0	100.0	100.0	100.0	100.0

表 2-19　样本农户转入耕地情况（按地类分）

	水田面积	水浇地面积	旱地面积
平均	17.9	12.0	5.6
中位数	2.0	0.0	0.0
众数	0.0	0.0	0.0
最小值	0.0	0.0	0.0
最大值	510.0	500.0	368.0

表 2-20　样本农户转入耕地情况（按灌溉来源分）

	仅能用地表水灌溉面积比例（%）	仅能用地下水灌溉面积比例（%）	既能用地表水又能用地下水灌溉面积比例（%）
平均	74.0	19.5	3.3
中位数	100.0	0.0	0.0
众数	100.0	0.0	0.0
最小值	0.0	0.0	0.0
最大值	100.0	100.0	100.0

转入渠道方面，样本中共有 416 户农户转入了耕地，其中 190 户（45.67%）从熟人手中转入，84 户（20.19%）从亲戚那里转入，1 户（0.24%）从企业转入，2 户（0.48%）从合作社转入，20 户（4.81%）从村小组转入，65 户（15.63%）从村集体转入，54 户（12.98%）从其他渠道转入，耕地转入具体比例见图 2-11。

在转入对象方面，如表 2-21 所示，主要以本村为主，其次是本乡外村。这可能是农村社会关系网络发挥着作用。

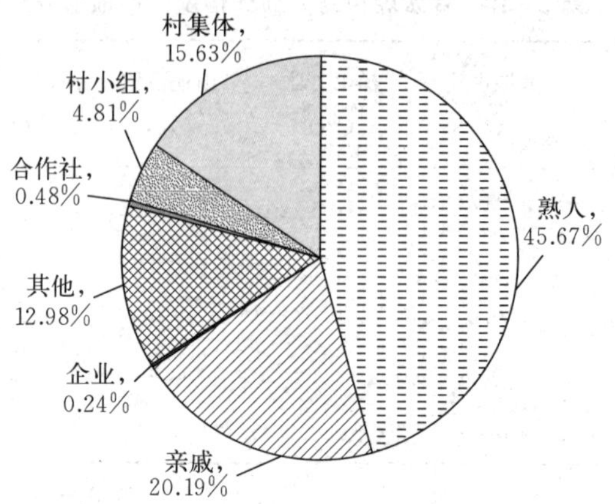

图 2-11　样本农户 2018 年耕地转入情况

表 2-21　样本农户经营耕地转入对象情况

来源	户数（户）
本村	375
本省外县	4
本县外乡	2
本乡外村	33
外省	2
总计	416

流转期限方面，如表 2-22 所示，总共 302 户农户转入耕地的流转期限不固定，其中 36 户实行一直转包，260 户选择可随时收回。

表 2-22　样本农户经营耕地转入情况

流转期限	户数
一直转包	36
其他（请说明）	6
可随时收回	260
总计	302

在付款方式上，如表 2-23 所示，样本农户 2018 年经营耕地转入过程中，有人选择转入价款一次性付清，平均一次性收取现金 9 178 元/亩；也有人没有选择一次性付清转入款，而是选择多次付款，平均耕地转入价格为 395.90 元/亩。

表 2-23　样本农户经营耕地转入交易情况

	如果是一次性，收取现金多少钱？（元）	2018 年的转入价格中，现金为多少？（元/亩）
平均	9 178.0	395.9
中位数	0.0	100.0
众数	0.0	0.0
最小值	0.0	0.0
最大值	520 000.0	50 000.0
求和	1 780 536.2	164 700.0

在转入交易方式上，如图 2-12 所示，从 2018 年的耕地转入来看，在总计 416 户农户中，有 312 户农户的耕地转出行为没有签订书面合同，104 户签订了书面合同；360 户农户的耕地转出行为没有通过乡或村的土地流转平台，只有 56 户通过了土地流转平台。

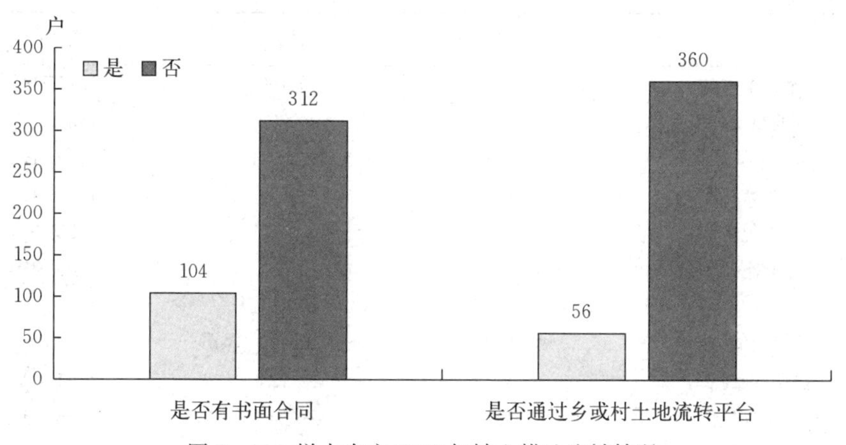

图 2-12　样本农户 2018 年转入耕地流转情况

(四) 结论与建议

综合上述分析，农户自然资本拥有量不多。耕地和林地资源拥有量有较大的区别，户均耕地拥有量大多为 10 亩以下，拥有林地资源的农户比例不高；土地确权情况较好，74%的农户获得了土地承包经营权证，但农户具体的获得证书的时间存在差异，农户耕地证书的获得主要集中在 2017 年和 2018 年；土地流转的效率不高，流转对象集中于熟人，流转形式也较随意，土地的活力尚未突出显现。因此，提高土地资源利用效率，促进土地流转的规范化发展、促进农业现代化发展具有重要的意义。

三、物质资本*

物质资本指农户用于生产生活的基础设施和物质工具。物质资本的占有量体现农户家庭物质财富的存量，也是农户生活质量的一种体现。本书将农户家庭拥有的耐用消费品、家庭住房作为衡量物质资本的指标。

（一）农户拥有耐用消费品情况

此次调研收取了受访农户家庭的耐用消费品购买及保有状况的相关信息，见表 2－24 与图 2－13，购买耐用消费品的农户为 1 091 户（7 705 户次），在拥有耐用消费品的受访农户中，智能手机的户均占有量最高，为 2.63 部/户；沼气设备的户均占有量最低，为 1.01 个/户。

表 2－24　受访者的耐用消费品保有情况

	农户数（户）	总数（个）	平均
笔记本电脑	175	199	1.137 14
抽油烟机	281	293	1.042 7
电冰箱或冰柜	989	1 184	1.197 17
电动摩托车	425	531	1.249 41
电视机	820	1 011	1.232 93
家庭小轿车	304	334	1.098 68
空调	692	1 101	1.591 04
马桶	133	179	1.345 86
汽柴油摩托车	630	724	1.149 21
燃气灶	322	342	1.062 11
热水器	582	619	1.063 57
沙发	456	514	1.127 19
台式电脑	320	342	1.068 75
衣柜或组合柜	543	844	1.554 33
音响组合	82	85	1.036 59
沼气设备	94	95	1.010 64
照相机	42	43	1.023 81
智能手机	815	2 141	2.626 99
总计	7 705	10 581	1.373 26

* 本部分执笔人：张泽宇，参与人：齐霖，李东瑾。

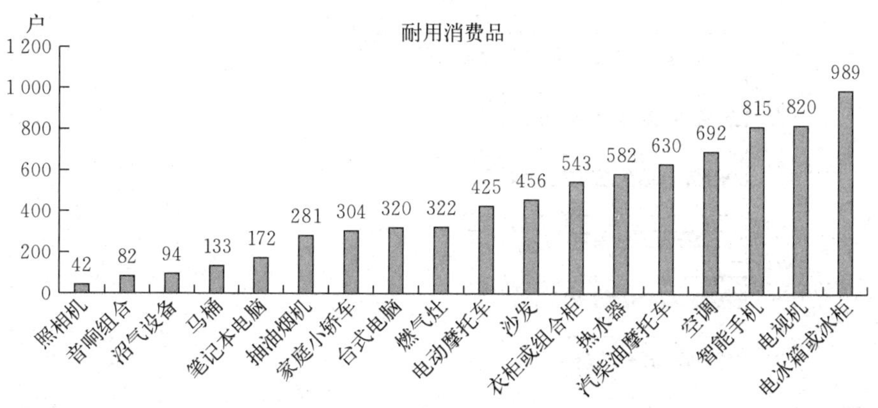

图 2-13　受访者的耐用消费品保有情况

从受访农户的耐用消费品购买情况看，如图 2-14 所示，华中三省的农户生活已经初步进入了电器化与智能化时代，其中体现较为明显的包括以下三方面：

首先，电子产品/设备的保有率较高。电视机普及率高达 75%；智能手机的拥有量很高，74.7%的受访农户拥有智能手机，且拥有智能手机的农户家庭中，平均每人持有 0.59 部，每两人即拥有一部智能手机；台式电脑的保有率已高达 29.33%，笔记本电脑保有率也有 16.04%，从侧面反映出农村地区已有相当水平的网络普及率，结合受教育水平分析，农户中已有相当一部分人能够购买及使用电子产品设备等。

其次，家居环境优化设备的普及率较高。电冰箱/冰柜保有率高达 90.65%；63.42%的受访农户拥有空调设备，有部分农户甚至拥有两台以上的家用空调设备；燃气灶和热水器也分别出现在了 29.51%（322 户）和 53.35%（582 户）的农户家中；部分农户已经可以享用音响设备和照相机等相对奢侈的耐用消费品。

最后，农户的出行选择更加多样化。得益于农村基础设施的建设和完备，此次调研收集到的数据表明，57.75%（630 户）的农户拥有汽柴油摩托车，38.96%（425 户）的农户拥有电动摩托车，27.86%（304 户）的农户拥有家庭小轿车，农户可以结合当地的基础设施建设以及具体的道路状况选择出行和通勤方式。

（二）农户住房状况

农户的住房状况一直以来都是经济社会研究者关注的问题。此次调研收集了农户住房相关的变量 17 个，集中反映了华中农村地区农户的住房状况，包括住房购买、住房结构、房屋扩建以及农户对于自身住房的市场估价等相关信

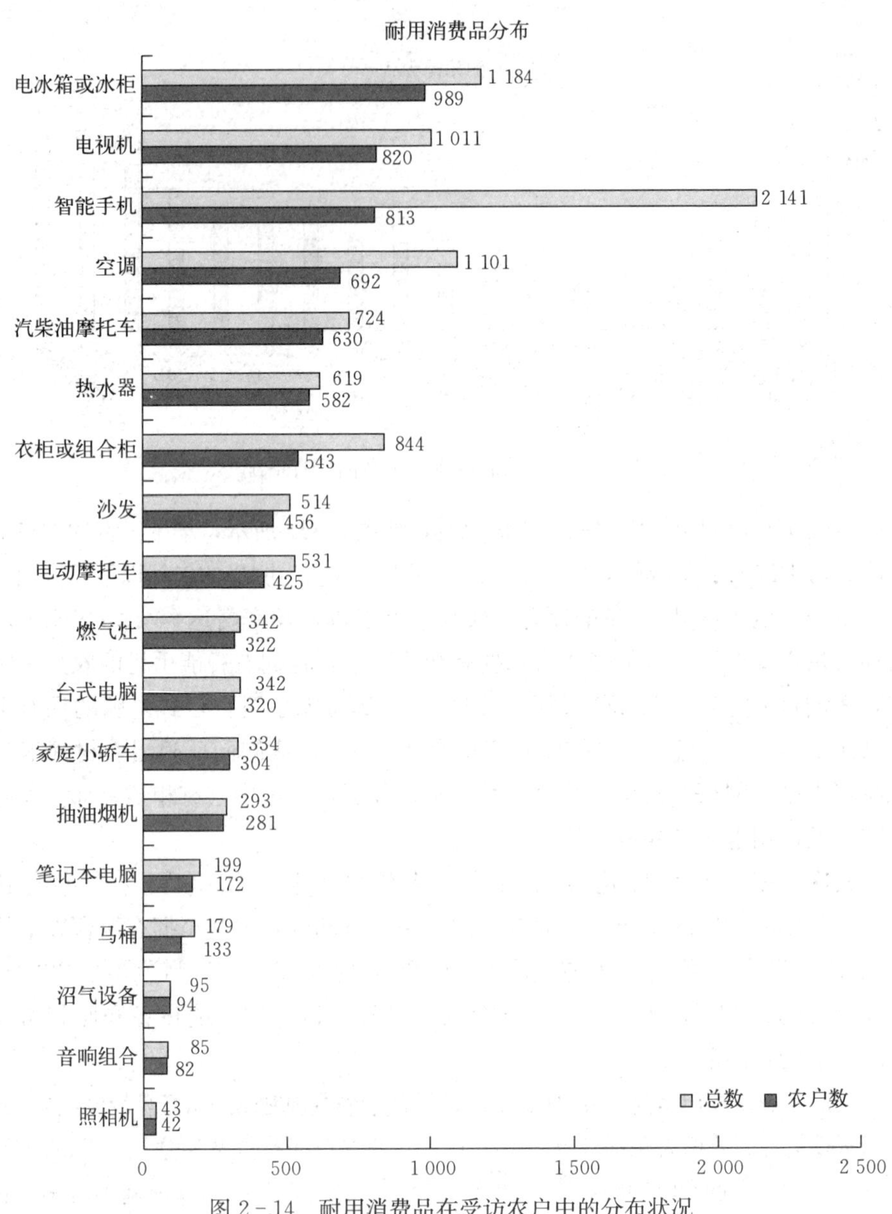

图 2－14　耐用消费品在受访农户中的分布状况

息（表 2－25）。由于我国农村房地产市场受到土地流转与规划的影响而并未完全开放，因此，此次调查的数据中涉及房屋市场价值与价格部分均参考农户取得房屋时支付的价格以及农户对于自有住房价值的估计而得，与城市房价及房地产市场并无关联。

通过表 2－25 和图 2－15 可知，受访农户中有 1 041 户报告了自己的住房

表 2-25　受访者的首套住房状况

	年份	购房投入（万元）	扩建年份	扩建花费（万元）	现价（万元）
平均	2000.7.2	8.73	2011.1.7	19.92	88.97
中位数	2002	5	2013	5	16
众数	2008	3	2014	2	20
最小值	1910	0	1987	0.08	1
最大值	2019	100	2019	35	150
观测数	1041	1 039	253	253	1 036

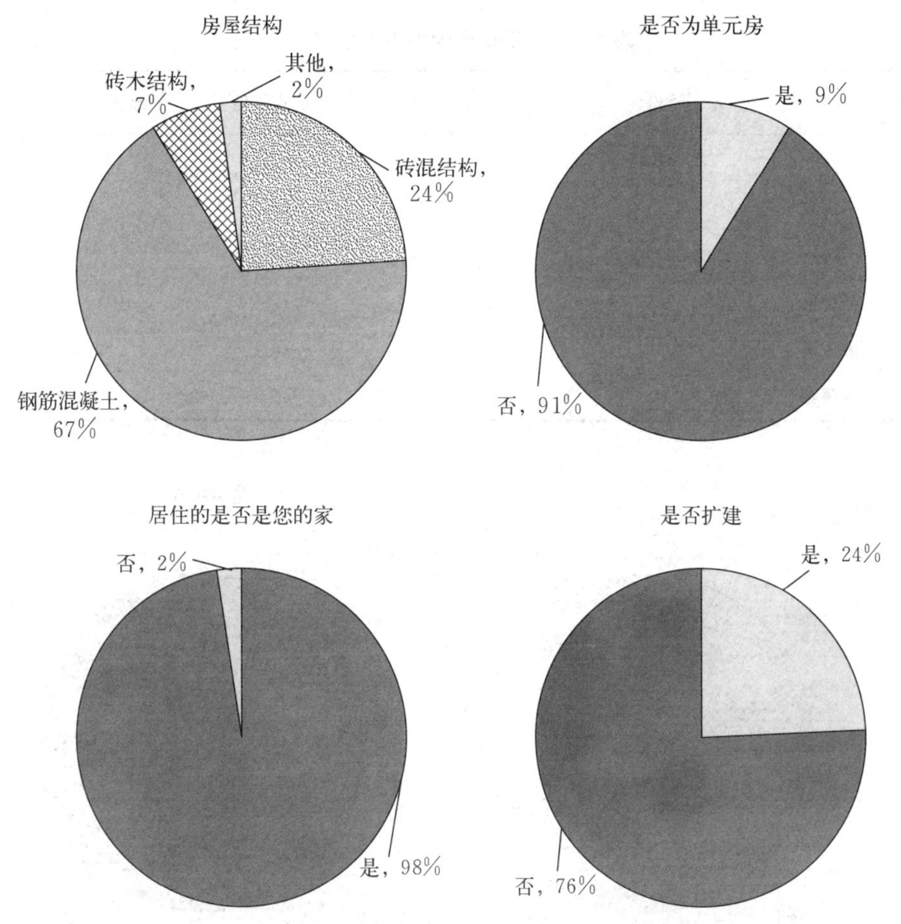

图 2-15　受访者的住房情况

情况。在所有报告住房情况的农户中，91%的农户为独栋住房，9%的农户居住在单元楼中，现有住房最早是在 1910 年得到的。其中有 253 户在 1987 年至 2019 年间进行了房屋的扩建（占比 24.3%），平均扩建花费为 19.92 万元。在对房屋现在价格的认知中，农户的反应不一，对自住房的估价从 1 万元至 150 万元不等，均值为 88.97 万元。

如表 2－26 和图 2－16 所示，受访农户中有 229 户报告了自己的其他住房情况，占总受访农户的 21.2%，去极值后得到有效样本量为 216 户。在所有报告住房情况的农户中，拥有超过一套住房的农户中，其他住房最早是在 1955 年得到的。其中有 10 户在 1986 年至 2019 年间进行了相关房屋的扩建（占比 5%）。在对其他房屋现在价格的认知中，农户估价从 1 万元至 400 万元不等，其中均值为 38.04 万元。

表 2－26　受访者的第二套住房状况

	年份	购房投入（万元）	扩建年份	现价（万元）
平均	2003.5.9	21.25	2006.4	38.04
中位数	2011	10	2012	22
众数	2014	20	2014	30
最小值	1955	0	1986	1
最大值	2019	350	2019	400
观测数	216	214	10	216

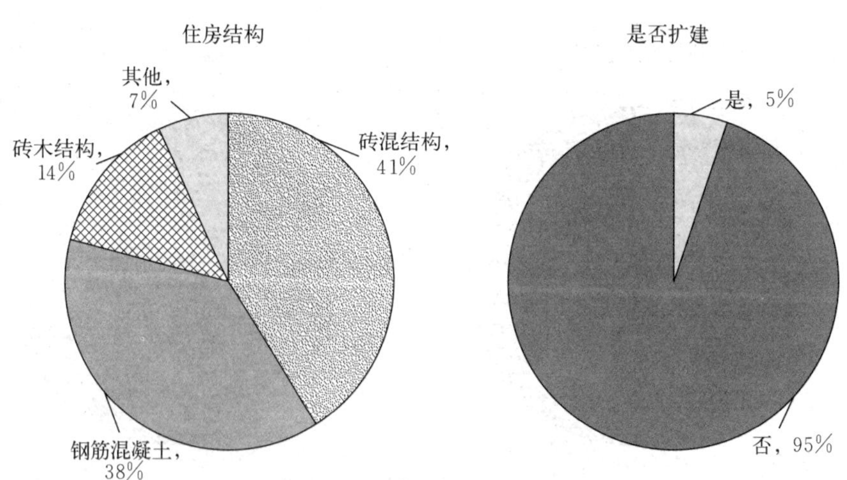

图 2－16　受访者的第二套住房状况

结合农村地区的住房条件与状况，此次调研得到的有关住房的数据反映了农户自住房以及自住房以外的一些住房信息。农户自住房以外的其他住房多为之后购买，钢筋混凝土结构的房屋数量明显有增加，且购房时的投入也有所增加。相对于首套住房，其他房屋的扩建率较低，而农户对于其他房屋的初期投入虽低于首套住房，但市场价值估计远低于首套住房，因此基于农户自我估算的房屋价格，农村地区的第二套及更多的住房并未被受访农户当作投资用途进行购买与开发。通过收集到的数据可知，农户报告有 195 套住房属于子女拥有，占比 18.73%，其中有一些特殊情况为陪嫁、赠予等，从侧面反映了拥有一套以上住房的农户家庭，其他住房也多用于自住或者其他家庭成员居住使用。

（三）结论与建议

通过对物质资本的指标分析，发现调研农户家庭拥有的耐用消费品总体能满足基本生活需要，且呈现两极分化的现象：有的家庭耐用消费品种类丰富、数量繁多，生活质量相对较好；有的家庭耐用消费品拥有量少，但能满足基本生活需要。在住房上，调研农户基本都拥有一套住房且房屋多独立于户，不同于城市住房，房屋的主要功能是自住。因此，农户的物质资本特征体现了农户的收入状况，寻找农户多方增收的途径有利于促进农户物质资本的增加。

四、金融资本*

金融资本指在消费和生产过程中人们为了取得生计目标所需要的积累和流动。农户金融资本指农户在生产和生活中可支配和可筹措的资金，主要包括：农户进行生产活动获得的现金收入，从金融机构或其他个人处获得的贷款、无偿援助等。本书对金融资本的考量只关注了农户的收入状况，未对农户借贷资金方面进行考虑。

（一）农户收入状况

农户的收入主要来源于就业。关于就业状况部分，此次调研获得的数据中，共有 1 079 个有效数据。其中，1 034 户在 2018 年有参与务农，45 户没有从事农业相关生产。从事非农生产的农户数量为 349 户，占比 32%。

---

* 本部分执笔人：张泽宇，参与人：齐霁、李东瑾。

如图 2－17 所示，自 1969 年起至 1983 年期间，有部分年份有受访农户外出务工，自 1985 年至受访年，每年均有农户外出务工。在所有从事非农生产的工作中，如表 3－27 和表 3－28 所示，受访农户以务工为主（257 户，占比 73.64%），自营（52 户，占比 14.90%）与公职（27 户，占比 7.74%）分列二、三位。外出务工的农户，平均工作时间为 7 个月，每月 21.75 天。受访省份中，外出务工者的务工地点以湖南省（118 户）、河南省（110 户）居多；除受访省份以外，外出务工人员多集中在广东省（20 户，占比 44%）。其中在广东省从业的人主要分布城市为深圳、广州；在湖北省从业的人主要分布城市为黄冈、襄阳、宜昌；在河南省从业的人主要分布在安阳、洛阳、郑州、新乡；在湖南省从业的人主要分布城市除娄底外其他 6 个城市分布均匀。

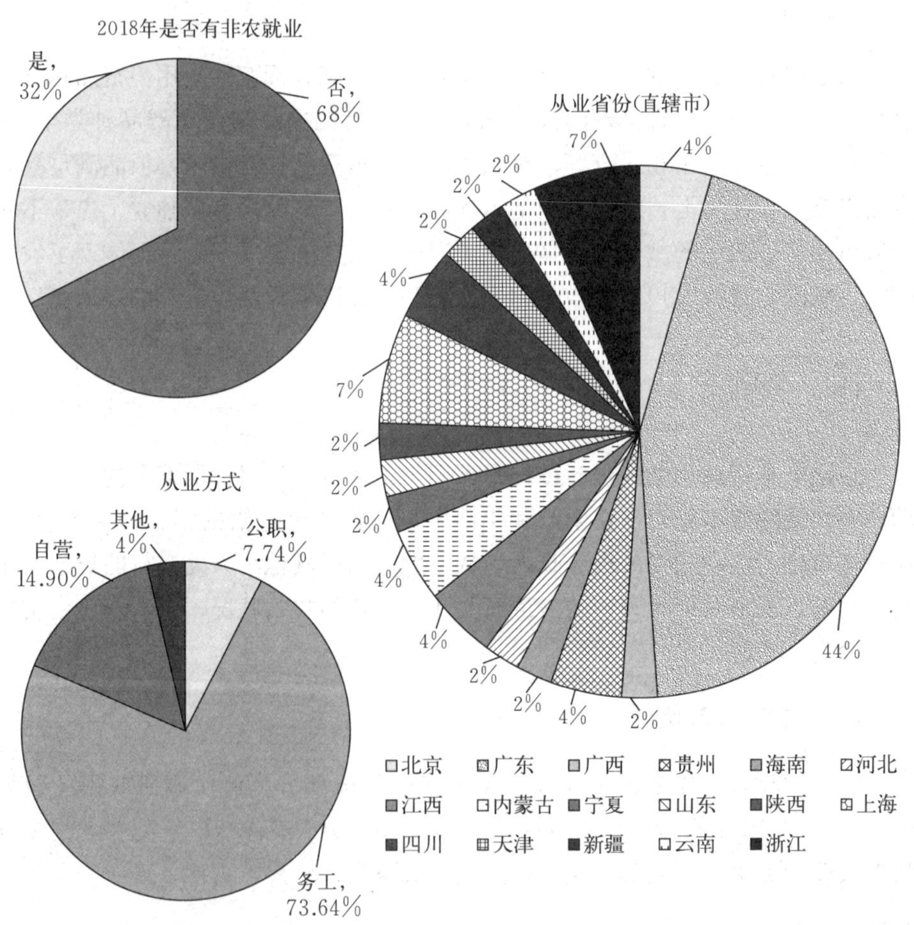

图 2－17　受访者的非农就业、从业方式及从业省份分布

表 2-27　受访对象的非农就业状况

非农就业状况	频数	百分比（%）
公职	27	7.74
务工	257	73.64
自营	52	14.90
其他	13	3.72
总计	349	100.00

表 2-28　受访对象的非农业劳动供给

	首次外出务工年份	主要非农工作月数/年	主要非农工作天数/月	其他非农工作月数/年
平均	1995.9.8	7.07	21.76	2.03
中位数	2002	6	23	0
众数	2018	12	20	0
最小值	1969	1	1	0
最大值	2018	12	31	12
观测数	343	345	345	345

从图 2-18 及表 2-29 可以看出，除自营公司的受访对象以外，受访农户全年家庭收入平均为 57 547.9（去极值后为 58 771.5）元。其中，农业收入平均为 26 846.00 元，非农收入为 30 405.68 元。与 2018 年国家公布的人均收入对比，受访华中地区家庭年人均收入为 10 781.84 元，显著低于全国人均收入

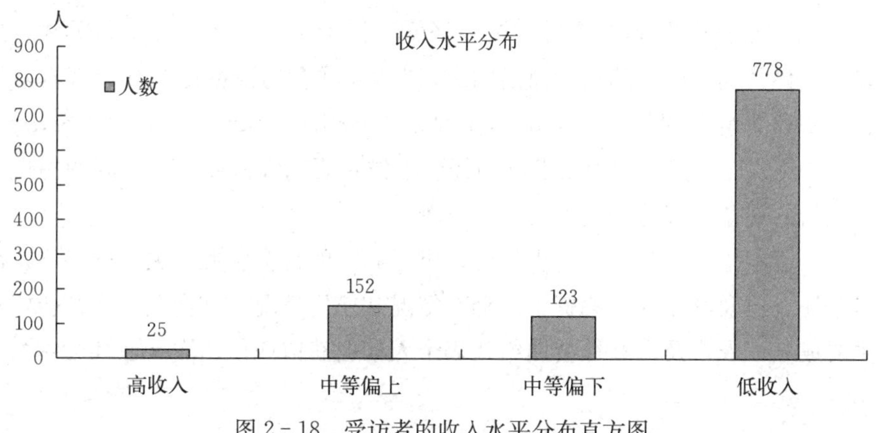

图 2-18　受访者的收入水平分布直方图

28 228 元，按照 4 口之家计算，全国家庭年均收入为 11.3 万左右，而受访地区为 57 547 元，仅略高于全国平均水平的一半。根据国家统计数据，以 4 口之家计算，官方划分的收入水平组为 23 832 元/年（低收入），55 372 元/年（中等偏低），89 980 元/年（中等偏上）以及 259 736 元/年（高收入），华中地区的农户年收入水平均值在中等偏低组内。

表 2－29　受访对象的家庭收入情况

	家庭总收入（元/年）	农业劳动收入（元/年）	非农收入（元/年）
平均	57 547.90	26 846.00	30 405.68
中位数	30 000	8 000	15 000
众数	30 000	0	0
最小值	100	0	0
最大值	2 000 000	2 000 000	1 500 000
观测数	1 064	1 067	1 066

（二）结论与建议

综合对样本农户金融资本的描述，可以看出，华中地区的农户年收入水平尚未达到全国平均水平，属于中等偏下的水平，金融资本拥有量较低。因为此次调研只考察了农户收入情况，因此解决农户金融资本积累的问题集中于提升农户收入，为农户提供和创造增加收入的渠道。

五、社会资本*

20 世纪末社会资本理论逐渐被经济学、社会学、政治学等学科关注，成为多个学科共同关注的热点和前沿问题，“越来越多的证据说明社会资本对增长、公平和缓解贫困等发展成果的作用”（Partha Dasgupta&Ismail Serageldin，2005）。社会资本理论的发展为经济工作者研究农村社会经济问题提供了一个全新的视角（程昆，潘朝顺，黄亚雄，2006）。

社会资本指农户为了进行生计活动可以利用的社会资源和关系网络。本次调研关注农户及其家庭社会资本的拥有情况和使用情况。社会关系是社会资本的主要成分，农户及家庭社会网络代表个人如何获取或使用嵌入在社会网络中

* 本部分执笔人：熊航，参与人：陶慧。

的资源，社会关系的广度、频度以及强化均体现社会资本的拥有状况，以及参与社团的情况也可代表。技能培训是对个体的支持和帮助，农户社会资本的使用主要以农户参与技能培训的情况进行衡量。

（一）家庭社会资本拥有情况

调研农户家庭的社会资本用要好的亲戚朋友在城里居住的户数、要好的亲戚朋友在政府机关工作的户数、春节互相拜年的户数以及送出礼金的数量和户数进行衡量。具体调研结果如下：

1. 社会关系的广度

在社会关系的广度上，以农户家庭为单位，农户家庭的社会关系范围的代理指标有以下4个指标："您的家属或与您家联系密切的亲戚朋友中，有多少家在城市里生活?""与您家关系要好的朋友、同学、同事中，有多少家在城市里生活?""您的家属或与您家联系密切的亲戚朋友中，有多少家在政府机关工作?""与您家关系要好的朋友、同学、同事中，有多少家在政府机关工作?"。4项指标可分为两类：一类是在城里生活。在城里生活的亲戚、朋友、同学、同事的家庭获取信息的渠道更广泛，公共物品和社会服务的获取更加便捷，社会网络更宽泛，这可能会为居住在农村的农户提供较多的农业生产信息和获取渠道。但在城里生活又有"强关系"和"弱关系"之分，"家属或与农户联系密切的亲戚朋友在城市里生活"与农户家庭的关系连接是一种"强关系"，对农户的影响较大；"关系要好的朋友、同学、同事中有人在城市里生活"与农户家庭的关系连接是一种"弱关系"，对农户的影响可能较弱。第二类是在政府机关工作。根据定位法测量社会资本的标准，在政府机关的亲戚、朋友、同学、同事因为工作属性的关系，可能具有更广泛的社会网络（赵雪雁，2012）。又因强弱关系的不同，具有不同的影响程度。这两类社会关系广度的具体指标分类分为5类：拥有户数以0户为基准，分为0户、1～3户、4～7户、8～10户及10户以上5类，代表社会关系的广度不断增强。

农户家庭的社会关系的广度，根据样本统计结果（表2-30），在1 080个有效样本中，农户社会资本的广度大多低于50%，没有这4种代理社会资本的农户比例从高到低为80%、71%、55%和33%，总体占有量水平不高。但在城里生活的同学、同事这种弱关系的社会网络状况要优于其他关系。在分类的代理指标中，以结构属性为代表的社会关系的范围要低于以地理位置为代表的社会关系的范围。在没有社会关系的情况下，地理位置属性均高于结构属性的比例。

表 2-30 农户亲戚朋友资本占有量

资本类型	分类	0 户	1~3 户	4~7 户	8~10 户	10 户以上
在城里生活	亲戚朋友	599	190	99	35	157
	比例（%）	55	18.00	9	3	15
	同学同事	357	412	172	39	100
	比例（%）	33	38	16	4	9
在政府机关工作	亲戚朋友	765	260	42	8	5
	比例（%）	70.5	24	4	1	0.5
	同学同事	863	129	44	11	33
	比例（%）	80	12	4	1	3

2. 家庭社会关系的频度

家庭社会关系频度运用农户春节拜年活动户数进行衡量，具体有以下两个问题：一是“最近的一个春节期间，您家到多少家人家拜年?”二是“最近的一个春节期间有多少家到您家上门拜年?”因为春节在中国的特殊文化意义，春节拜年的户数能很好地代表农户家庭一定程度的社会资本。去拜年的户数与来农户家拜年的户数形成了一种社会关系的互动，互动的频率反映其社会关系的强度，其强度的测量按照没有、1~5 户、6~10 户、11~15 户、16~20 户、20 户以上 6 个层次。

在样本农户的拜年网络中，不论是去拜年的户数还是来拜年的户数均以1~5户居多。总体上看，农户去拜年户数按照从大到小的排序为 1~5 户、6~10 户、11~15 户、20 户以上、0 户、16~20 户。来农户家拜年的户数按照从大到小的排序为 1~5 户、6~10 户、11~15 户、20 户以上、16~20 户、0 户。样本农户春节期间拜年往来的户数集中在 1~15 户，且存在跳跃性，20 户以上的情况优于 16~20 户（图 2-19）。

3. 社会关系的维护和强化

在社会关系的维护和强化上，对亲友的转移性支出可以衡量农户对社会关系的维护（蒋乃华，卞智勇，2007）。对亲友的资金与实物赠送的总价值，能反映家庭用于维护社会网络的投资，其中也包括了农户在使用社会性资源前对社会关系的强化。

农户对社会关系的维护和强化用过去一年送出的礼金数和送出礼金的户数测量。在调研的 1 080 户农户中，有效样本 1 076 个。如表 2-31 所示平均每户在过去一年所送出的礼金数额为 4 842 元，平均送给 15 户。送出的礼金数

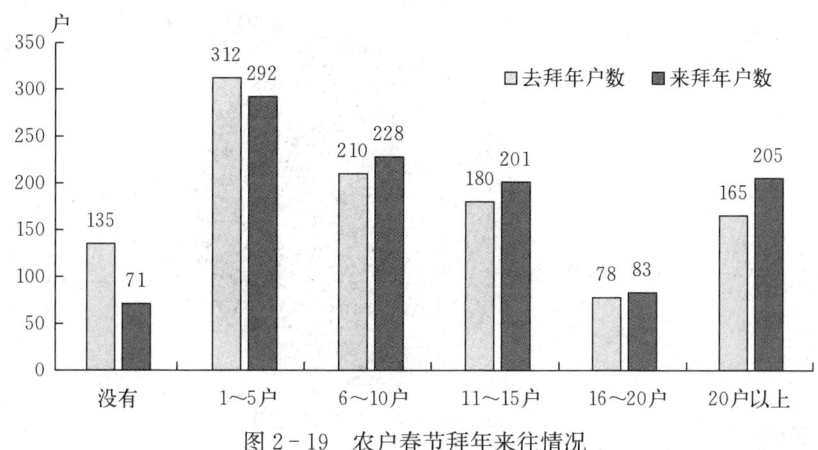

图 2-19　农户春节拜年来往情况

以 2 000 元为最多，有 139 户；送出礼金户数以 10 户为主，有 134 户农户是这种情况。总体来看，调研农户去年送出礼金数额在 5 000 元以下居多，也存在送出较多礼金的农户，达到 120 000 元，但此类情况较少。

表 2-31　样本农户送出礼金情况统计表

指标	均值	众数	最小值	1/4 分位数	1/2 分位数	3/4 分位数	最大值
送出礼金额度（元）	4 842	2 000	0	1 000	2 500	5 000	120 000
小计		139	102	212	233	268	261
送出礼金户数（户）	15	10	0	5	10	20	150
小计		134	111	244	256	256	209

4. 参与社团的基本情况

参与社团的情况。考察社团参与情况按照“您家是否参加了社团?”“您参加的社团名称”“您参加的社团类型?”来进行测量。文化资本的衡量用农户家庭是否参加了社团作为衡量指标。在调研的 1 080 户农户中，共有 30 户农户家庭参加了社团，参加社团的比例较小，仅占 2.78%（图2-20）。在 30 户参加社团的农户家庭中，参加社团类型主要是文化娱乐类社团，包含广场舞、象棋社和乐器社。

（二）社会资本使用情况

在参与技能培训方面，通过“您在过去的一年一共参加了几次培训?”“时间最长的培训天数”“培训属性”“培训内容”和“培训组织方”进行测量，代

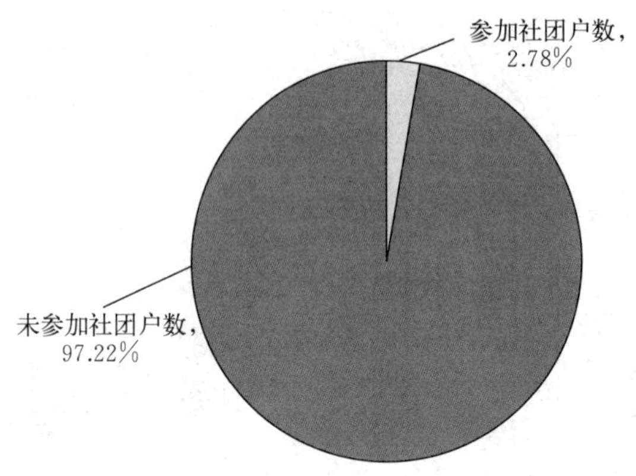

图 2-20　农户参与社团情况图

表社会资本的使用效率和方向。

1. 培训参与情况

在调研的 1 080 户农户中，参与了培训的人数为 314 户，未参与培训的人数有 766 户。总体上参与度不高，参与占比 29%（图 2-21）。在 314 户农户参与的培训中，288 户农户参加的培训是免费的，26 户是不免费的。在这 26 户农户中，又有 10 户是有培训补贴的，剩下的 16 户没有补贴。

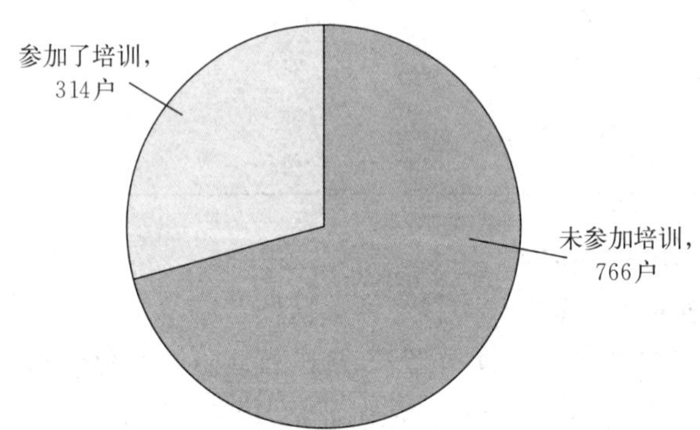

图 2-21　样本农户参与技能培训的情况

在 314 户参加培训的农户中，平均参与培训的次数为 3.19 次，最长的平均培训时间为 3.66 天。培训次数以 1 次居多，有 116 户，最长培训时间也以 1 天居多。

2. 培训内容

培训的主要内容包括“三农”政策知识、餐饮服务、电子商务及物流、驾驶、农机、农技、其他生活服务、乡村旅游及休闲农业、新型职业农民等，其中，农技培训为主导，在314户参与培训的农户中，有237户接受了农技培训。辅之以其他服务型培训、“三农”政策知识和农机培训，分别为36户、15户、12户（图2-22）。

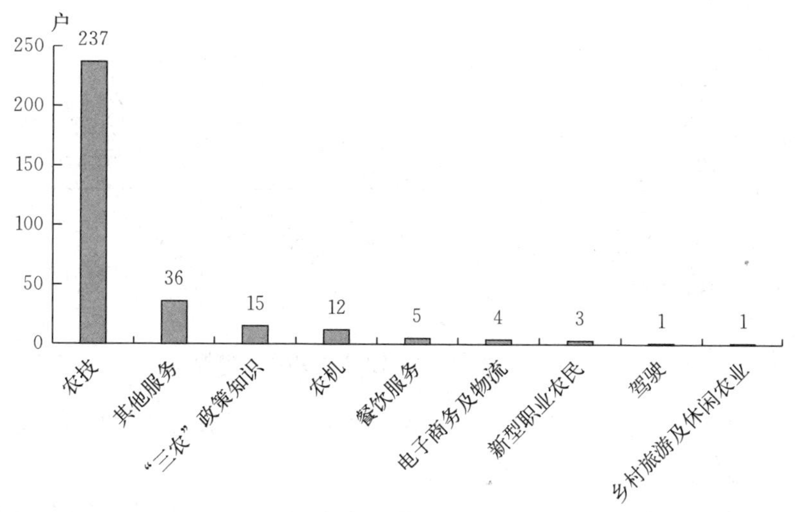

图2-22　样本农户培训的主要内容

3. 培训的组织方

培训的组织方包含受训人工作单位、当地政府部门、职业学校、社会培训机构、农业广播电视学校、科研机构、农机推广机构、农资销售部门、经济合作组织等，其中以政府部门为主导，其次是农技推广机构和经济合作组织。在314户参与培训的农户中，249户参加的是当地政府部门组织的培训项目，占比79%。27户参加的是农机推广机构组织的培训，占比8%，22户参与的是经济合作组织参与的培训，占比7%（图2-23）。

（三）结论和建议

综合以上结果发现，总体样本农户的家庭社会资本拥有量不丰富，对社会资本的使用也较为不足。在家庭社会资本拥有量方面，家庭社会关系的范围较小，且以血缘连接的“强关系”状况优于同学、朋友的“弱关系”。在社会关系的互动上，互动频率也不高。在对社会关系网络的使用上，表现出两极分化现象，关系网络较好的家庭对社会关系维护所进行的投资也相对高于关系网络较差的家庭；此外，对社会关系的维护也侧重于“强关系”的维护。农村社团的类型主要是丰富农民精神生活的社团，集中于娱乐和养老休闲等方面。在社

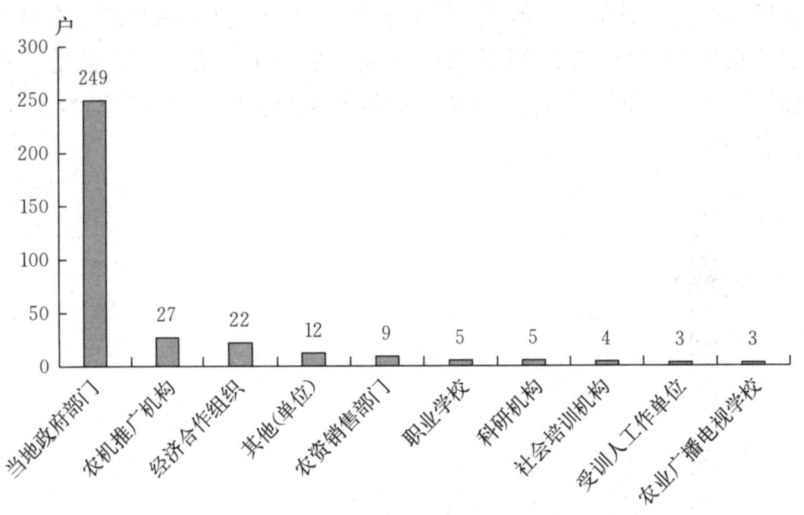

图 2-23　农户参与培训的组织方的情况

会资本使用上，虽然农户家庭使用效率不高，但社会结构起到的作用较大，社会服务机构如政府部门发挥的作用较大。

基于此结论，农村社会资本的发展仍有较大空间。如何培育农村社会资本，可能需要从以下几方面着手。首先，进一步发挥政府等社会性服务机构对农户家庭发展能力的培育，提供技能培训等教育性项目；其次，加大农村教育投入，增强农村家庭发展能力，从农户自身拓宽社会关系网络；再次，开拓多种类型的信息获取渠道，增强社会关系的联结；最后，建立健全社会化服务体系，为农户参与各种团体和活动提供渠道，拓宽农户社会关系网络。

第三部分　生产经营情况

一、新型经营主体[*]

目前我国农业发展面临着生产经营规模小，农业兼业化、农民老龄化、农村空心化日益严重等问题。党的十八大报告中明确提出，要坚持和完善农村基本经营制度，发展农民专业合作和股份合作，培育新型经营主体，发展多种形式规模经营，构建集约化、专业化、组织化、社会化相结合的新型农业经营体系。逐步形成以家庭承包经营为基础，专业大户、家庭农场、农民合作社、农业产业化龙头企业为主，其他组织形式为补充的新型农业经营体系。构建新型农业经营体系，有利于加快我国现代农业发展，推动农业更好更快地实现现代化，也是应对当前农业经营方式面临新挑战的有效举措。

此次调研与第三次全国农业普查情况相符。农民合作社是目前我国数量最大，参与农户数最多，最重要的新型农业经营主体，此次调研数据也证明了这一点，但参与农户比例数据与目前统计数据差异较大。此次随机抽样的 1 080 个农户数据显示仅约 10%的农户加入了合作社，而农业农村部数据显示，“截至 2018 年 6 月末，全国依法登记的合作社达到 210.2 万家，实有入社农户突破 1 亿，约占全国农户总数的 48.3%。”造成差异的原因可能有抽样方法、调研地区、统计方法等方面的不同。

本部分将以农民合作社为主，其他组织为辅，描述和呈现河南省、湖北省和湖南省的新型经营主体发展情况。

（一）农户生产经营情况统计

如表 3-1 所示，华中三省的被调研农户样本总量为 1 080 户，其中每个省份样本数为 360 户。在总样本中有 217 个大户，占比为 20.09%。剔除 1 个经营面积缺失和 6 个经营面积为 0 亩的样本后，总共有 1 073 个有效样本。由 Pearson 卡方检验得到 P 值大于 0.05，说明样本中的大户分布在三省之间不存

---

* 本部分执笔人：郝晶辉，参与人：刘畅、王菲。

在显著差异。此外，需要指出 217 个大户样本中存在 60 个经营面积小于 30 亩的样本。

表 3－1　样本省调研大户统计表

省份	大户数目	总样本数	比例（%）
河南省	64	360	17.78
湖北省	78	360	21.67
湖南省	75	360	20.83
总计	217	1 080	20.09

总样本中有 1 062 个（占比 98.33%）样本农户的生产经营单位为“亩”，可知绝大部分调研农户从事种植业，另 16 个（占比 1.48%）样本农户从事养殖业。

在 1 062 个种植业农户样本中剔除 6 个家庭经营面积为 0 亩和 1 个面积缺失样本后，总共有 1 055 个有效种植业农户样本，如表 3－2 所示。其中，家庭经营面积为 0 到 5 亩的样本数最多（占总数的 43.89%），经营面积为 5 到 10 亩的样本占 21.52%；从总体来看，经营面积在 30 亩以内的农户占有效种植业农户样本的 84.64%。由此可知，本次被调研农户大部分生产规模较小，与我国当前农业经营规模基本情况相符。

表 3－2　种植农户生产经营规模统计表

生产经营规模（亩）	频数	比例（%）	累计比例（%）
0＜面积（亩）≤5	463	43.89	43.89
5＜面积（亩）≤10	227	21.52	65.40
10＜面积（亩）≤20	153	14.50	79.91
20＜面积（亩）＜30	50	4.74	84.64
30≤面积（亩）＜40	44	4.17	88.82
40＜面积（亩）≤50	24	2.27	91.09
50＜面积（亩）≤100	44	4.17	95.26
100＜面积（亩）≤300	36	3.41	98.67
300＜面积（亩）≤1 000	14	1.33	100.00
总计	1 055	100.00	

（二）农户参与合作社情况统计

1. 农户参与合作社比例

农户参与合作社比例如表 3-3 所示，3 省 1 080 个农户样本中共有 99 户参与合作社，占总样本的 9.17%；河南省、湖北省的样本中分别有 7.22%和 7.78%的农户参与组织，而湖南省有 12.5%的农户参与组织。在 99 个入社农户样本中有 95 个样本为种植户，其平均生产经营规模为 94.91 亩，最小经营规模为 1 亩，最大经营规模为 810 亩；其余 4 个入社农户（4%）为养殖户，主营产品为禽类和兔子等。

表 3-3　农户参与合作社比例统计表

省份	参与户数（户）	总样本数（个）	参与比例（%）
河南省	26	360	7.22
湖北省	28	360	7.78
湖南省	45	360	12.5
总计	99	1 080	9.17

2. 入社年份情况

农户加入合作社年份具体情况如图 3-1 所示，被调研农户最早从 2000 年开始参加农业合作社，2011 年后参与合作社的农户增加较快。尤其是 2015 年至今的 5 年内，参与人数明显快速增加，占目前入社总农户数的 63.7%。

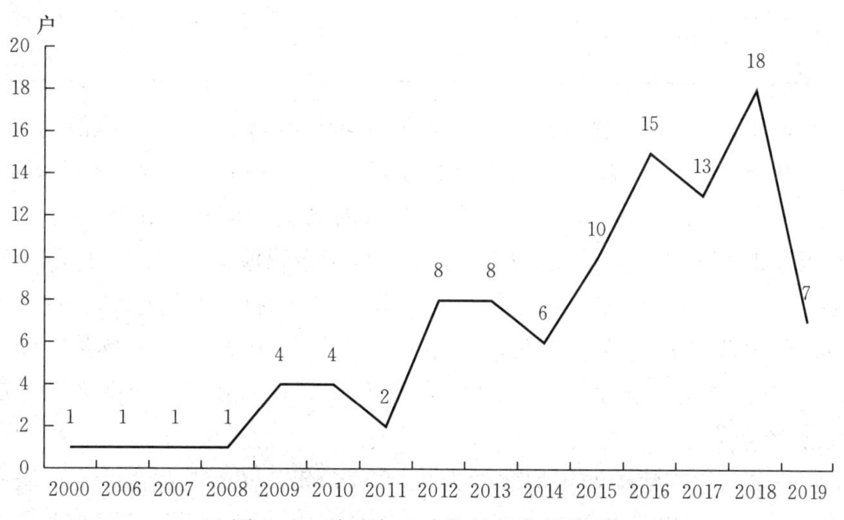

图 3-1　农户加入合作社年份折线图

3. 与组织相关的农户信息统计

入社农户家庭住址与组织办公地的平均距离为 2 970.55 米（表 3－4）。其中 93 个农户与其组织的距离在 5 000 米以内（占入社农户的 93.93%），距离为 1 000 米以内的有 67 个农户（占入社农户数的 67.67%），可见合作社与农户家庭住址之间的距离普遍不远；只有 6 个农户（6.07%）的家庭住址与所参与合作社的距离在 5 000 米到 10 000 米之间（表 3－5）。

表 3－4 与组织相关的农户信息统计表

变量	观测值	均值	标准差	最小值	最大值
与组织办公地距离（米）	99	2 970.55	10 913.53	0	100 000
组织覆盖的面积（亩）	95	79.22	153.50	0	810
参与组织活动频次（次/年）	99	34.29	91.59	0	365

表 3－5 与组织办公地距离统计表

与组织办公地距离（米）	频数	比例（%）	累计比例（%）
[0，1]	19	19.19	19.19
(1，100]	5	5.05	24.24
(100，500]	20	20.20	44.44
(500，1 000]	23	23.23	67.67
(1 000，2 000]	14	14.14	81.81
(2 000，5 000]	12	12.12	93.93
(5 000，10 000]	6	6.07	100
总计	99	100	

如表 3－6 所示，农户经营的耕地属于组织覆盖的面积平均值为 79.22 亩，其中覆盖面积为 100 亩以内的有 77 户（占入社农户样本数的 81.05%），且超过 30%的农户仅有 5 亩以内的土地面积被组织覆盖，在所有面积分组里出现频次最高；61%的农户属于组织覆盖范围的土地小于等于 30 亩。以上被组织覆盖土地面积与此次调查农户的户均经营土地面积一致，说明目前农业经营规模普遍偏小，小农户仍是最重要的农业经营主体。此外，18 个农户经营耕地属于组织覆盖的面积在 100 亩到 810 亩之间，属于较大规模经营。

农户参与组织活动的年均次数为 34.29 次/年，而参与频次为 0 的农户有 29 个，占入社农户样本量的比例高达 29.29%，说明一部分农户虽然加入合作社，但并未参与组织活动；有 52.53%的农户参与频次在 1 次/年到 10 次/年之间；而有 10%左右的农户参与频次高于 240 次/年，最高参与频次为 365 次/年。社员参与合作社事务的频次差异很大。

表 3-6　属于组织覆盖的面积统计表

属于组织覆盖的面积（亩）	频数	比例（%）	累计比例（%）
[0，5]	30	31.58	31.58
(5，10]	9	9.47	41.05
(10，20]	15	15.79	56.84
(20，30)	4	4.21	61.05
[30，100]	19	20	81.05
(100，810]	18	18.95	100
总计	95	100	

（三）合作社信息统计

1. 该合作社是否同时是其他新型经营主体

如表 3-7 所示，40 个农户表示其参与的合作社同时也是生产基地（占入社农户的 40.4%），29 户所参与的合作社同时是生产大户（29.29%），11 户则表示其参与的合作社同时也是家庭农场（11.11%），仅 8 户参与的合作社同时是龙头企业（8.08%）。由此可知，新型农业经营主体间重合度高，即“一个组织，几块牌子”。

表 3-7　该合作社是否同时是其他新型经营主体统计表

合作社同时是	频数	比例（%）
生产基地	40	40.40
龙头企业	8	8.08
家庭农场	11	11.11
生产大户	29	29.29

2. 合作社类型统计

如表 3-8 所示，有 36 个入社农户加入了生产型合作社（36.36%），30 个入社农户加入了生产加销售型合作社（30.3%），26 个入社农户加入了服务型合作社（26.26%），还有 18 个农户加入的合作社属于销售型合作社（18.18%），5 个入社农户加入了农机合作社（5.05%）。由此可知，农户在参与合作社时首先选择与生产环节相关的合作社，其次选择与农产品销售环节相关的合作社，期望通过加入合作社解决生产销售环节中可能遇到的问题。

表 3－8　合作社类型统计表

合作社类型	频数	比例（%）
生产型	36	36.36
销售型	18	18.18
服务型	26	26.26
生产加销售型	30	30.30
农机合作社	5	5.05
其他类型	5	5.05
总计	120	121.21

3. 合作社主营农产品统计

在 99 个入社农户中，有 30 个农户参与了主营水稻类合作社（30.3%），16 个农户参与了主营水果类产品的合作社（16.16%），15 个农户参与了主营烟叶的合作社（15.15%），8 个农户加入了主营小麦的合作社（8.08%），7 个农户加入的合作社主营其他经济作物（包括观赏树、板栗、核桃等，占比 7.07%），5 个农户加入了主营蔬菜类产品的合作社（5.05%），如表 3－9 所示。

表 3－9　合作社主营农产品

主营产品	频数	比例（%）
水稻	30	30.30
水果	16	16.16
烟叶	15	15.15
小麦	8	8.08
蔬菜	5	5.05
玉米	4	4.04
其他经济作物	7	7.07
其他动物产品	4	4.04
虾	3	3.03
大豆	2	2.02
其他	5	5.05
总计	99	100.00

4. 组织拥有产品标志情况统计

如图 3－2 所示，有 70 个入社农户称其所在合作社无任何产品标志（71.43％），13 个入社农户表示其所在合作社有“无公害产品”标志（13.27％），有 7 个入社农户表示其所在合作社有“有机产品”标志（7.14％），另有 7 个农户表示其所在合作社有“绿色产品”标志（7.14％），而仅有 1 个农户表示其所在合作社拥有“地理标志产品”标志。由此可知，仅有小部分合作社目前拥有产品标志，大部分合作社仍不具备生产有产品标志的生产条件或生产能力。

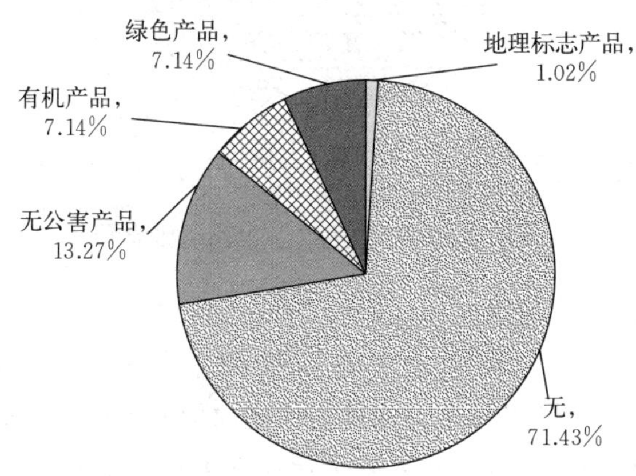

图 3－2　组织拥有产品标志情况饼图

5. 组织提供生产标准及农户服从情况统计

在参与组织的 99 户农户样本中，有 51 个农户所在合作社有为农民提供生产标准和行为规范准则（51.52％），而剩余 48 个农户则无相应的标准和规范（48.48％）。

在组织是否向农户提供生产标准和行为规范准则的基础上，我们进一步从农户角度探究农户在多大程度上按照组织的要求进行生产活动。调研发现，有 47 个农户表示会基本按照组织要求进行生产（47.47％），35 个农户表示会完全按照组织要求生产（35.35％）（图 3－3），说明多数农户愿意在较大程度上相信组织，愿意按照组织的要求进行生产活动。

（四）组织提供的服务情况统计

进一步地，此部分列举了 6 种合作社可能向农户提供的服务项目，包括：①从组织购买农药、化肥、种苗、农机、反光膜。②提供产品销售、价格等的信息服务。③提供储存、加工等服务。④提供技术培训。⑤统一提供农机等生

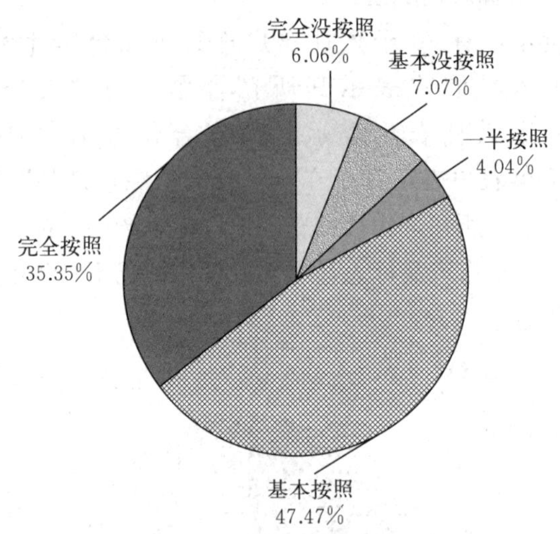

图 3-3　农户多大程度上按照组织要求生产

产工具的服务。⑥统一提供农药、化肥、种苗、农机、反光膜等生产资料。统计结果发现，有 68 个入社农户表示其所在合作社向他们提供技术培训（68.69%）；65 个入社农户表示其所在合作社向他们提供产品销售、价格等的信息服务（65.66%）；47 个入社农户表示其所在合作社向他们统一提供农药、化肥、种苗、农机、反光膜等生产资料（47.47%），而提供其他服务以及统一提供农机等生产工具服务的合作社占比较少（分别为 15.15%和 22.22%）。由此可见，合作社主要通过提供技术培训和信息服务来帮助农户解决在生产销售中的困难，帮助其增加生产收入。

（五）订单农业参与情况统计

统计结果表明，在 1 073 个有效样本中有 34 个农户样本参与了订单农业（3.17%）。其中平均土地经营面积为 78.46 亩，最小经营规模为 4 亩，最大经营规模为 510 亩。

进一步探究农户参与订单农业的原因时发现，有 22 个农户（64.71%）表示其参与订单农业的原因首先是因为产品有销路，其次是农户认为订单农业为农产品销售提供保底销售的保障。

参与订单农业的农户样本中，有 22 个农户认为订单价格与市场价格差不多（64.71%），而 10 个农户则认为订单价格比市场价格高（29.41%），仅有 5.88%的农户认为订单农业价格比市场价格低（图 3-4）。

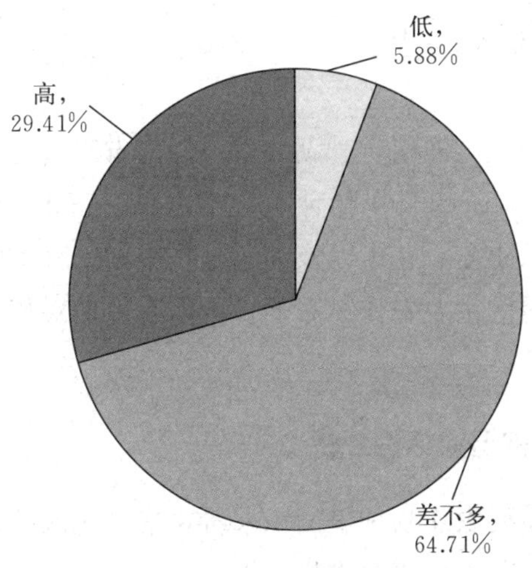

图 3-4　订单价格与市场价格比较饼图

另外，参与订单农业的农户中有 27 个农户的订单期限较短，一般为 1 年，占订单农业总参与人数的 79.41%。由此可知，尽管订单农业中所提供的农产品价格并不一定高于市场价格，但由于订单农业很大程度保证了产品销路，降低了产品销售不出去的风险，农户依然有参与订单农业的意愿。

（六）总结

对调研数据进行基本的描述统计分析，可以得到基本结论：农村新型经营主体有了初步发展，但仍然存在一些问题，主要表现在以下几方面：一是农户生产经营规模总体较小，65%的农户经营规模在 10 亩以内，生产大户占 15%。二是农户参与合作社的比例不够高（9.17%），但入社人数随时间发展而呈现明显的增加趋势。三是大多数农户的家庭住址与组织距离在 5 000 米以内（93.93%），而多数农户参与合作社事务的频次不超过 10 次（81.82%）。四是新型农业经营主体间重合度高，合作社的主营产品以水稻、小麦、水果、蔬菜、烟叶等大宗农产品为主，但仅有小部分合作社目前拥有产品标志，大部分合作社仍不具备生产有产品标志的生产条件或生产能力。五是超过半数的入社农户（51.52%）所在合作社向农户提供生产标准和行为规范准则，帮助其增加生产收入，多数农户也愿意在较大程度上按照组织的要求进行生产活动。六是 3.17%的农户选择参与订单农业，产品销路和订单价格是农户参与的主要原因。

二、种植业投入产出*

本次调研以华中地区河南省、湖北省、湖南省三省为主，调研的农作物面积共 48 336.34 亩，调研的农作物种类包括水稻、玉米、小麦等 10 余种农作物，而水稻、玉米、小麦、花生以及油菜是华中地区种植的主要农作物。通过分析本次调研所取得的主要农作物数据，可以有效地对华中地区种植业结构进行分析。

（一）华中地区种植业结构分析

从华中地区的主要农作物种植面积来看，华中地区种植业以水稻为主，玉米、小麦、花生、油菜为主要农作物，棉花、马铃薯、园艺作物等其他农作物在华中地区小范围种植。图 3－5 汇总了华中地区 5 种主要农作物在本次调研中所占的比重，其中，水稻的种植面积为 22 743.07 亩，占调研总面积的 47.05%，在主要农作物中占比最大；玉米的种植面积为 7 990.63 亩，占调研总面积的 16.53%，约为水稻面积的 1/3；小麦的种植面积为 7 229.66 亩，占调研总面积的 14.96%；花生的种植面积为 1 272.29 亩，占调研总面积的 2.63%；油菜的种植面积为 630.50 亩，占调研总面积的 1.31%，在 5 种主要农作物中占比最低。

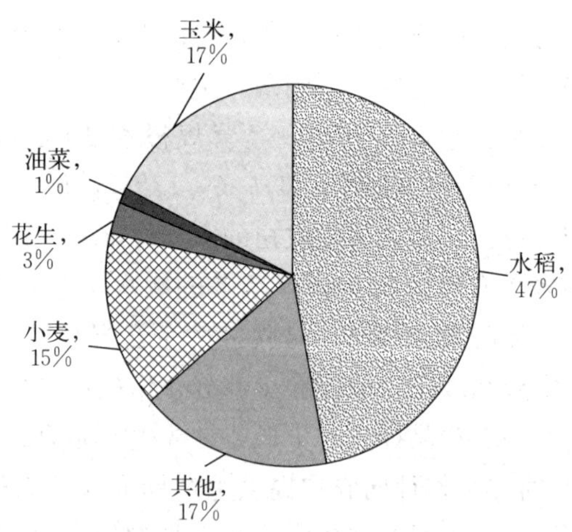

* 本部分执笔人：张晓恒，参与人：王志娜、闫桂权。

信息附表

农作物品种	面积（亩）
水稻	22 743.07
玉米	7 990.63
小麦	7 229.66
花生	1 272.29
油菜	630.50
其他	8 470.19

图 3－5　华中地区主要农作物种植结构

从华中地区主要农作物的种植省份来看，河南省种植业以玉米、小麦为主，湖北省种植业以水稻、玉米为主，湖南省种植业以水稻为主。表 3－10 汇总了华中地区三个省份主要农作物的种植情况。在河南省，小麦的种植面积为 6 386.16 亩，占本次河南省调研面积的 46.49％，在主要农作物中所占比重最大；玉米的种植面积为 6 069.50 亩，占本次河南省调研面积的 44.18％；花生的种植面积为 1 191.50 亩，占本次河南省调研面积的 8.70％；水稻的种植面积为 89 亩，占本次河南省调研面积的 0.65％，所占比重最小。在湖北省，水稻的种植面积为 5 166.20 亩，占本次湖北省调研面积的 72.88％，在主要农作物中所占比重最大。其中，中稻的种植面积为 4 153.20 亩，占本次湖北省调研面积的 58.59％，是湖北省种植面积最广的水稻品种；玉米的种植面积为 1 217.29亩，占本次湖北省调研面积的 17.17％；小麦的种植面积为 610.50 亩，占本次湖北省调研面积的 8.60％；花生的种植面积为 77 亩，占本次湖北省调研面积的 1.09％；油菜的种植面积为 17.80 亩，占本次湖北省调研面积的 0.31％，所占比重最小。在湖南省，水稻的种植面积为 17 487.90 亩，占本次湖南省调研面积的 91.80％，在主要农作物中所占比重最大。其中，中稻的种植面积为 9 375.90 亩，占本次湖南省调研面积的 53.60％，是湖南省种植面积最广的水稻品种；玉米的种植面积为 703.80 亩，占本次湖南省调研面积的 3.67％；小麦的种植面积为 233 亩，占本次湖南省调研面积的 1.20％；油菜的种植面积为 612.70 亩，占本次湖南省调研面积的 3.20％；花生的种植面积为 3.75 亩，所占比重最小（表 3－10）。

表 3-10　华中地区省份主要农作物种植情况（亩）

地区	水稻					玉米	小麦	花生	油菜
	早稻	中稻	一季晚稻	双季晚稻	再生稻				
河南省	48.60	27.40	9	4		6 069.50	6 386.10	1 191.50	
湖北省	515.80	4 153.20	495.70		1.50	1 217.29	610.5	77.00	17.80
湖南省	2 527.7	9 375.90	3 266.10	2 318.20		703.80	233	3.75	612.70

（二）华中地区种植业成本收益分析

1. 华中地区种植业生产成本分析

种子、化肥、农药、灌溉投入是华中地区发展种植业的主要生产投入。图 3-6 汇总了华中地区主要农作物生产成本，其中每亩水稻的平均生产成本为 473.80 元，每亩玉米的平均生产成本为 407.31 元，每亩小麦的平均生产成本为 424.05 元，每亩花生的平均生产成本为 701.72 元，每亩油菜的平均生产成本为 542.20 元。从整体上来看，农药投入和化肥投入在华中地区主要农作物的生产投入中居于主要地位，种子投入和灌溉投入居于次要地位。其中，农药投入在华中地区水稻生产投入中所占比重最高，占比 38%多；化肥投入在华中地区玉米生产投入中所占比重最高，占比近 39%；农药投入在华中地区小麦生产投入中所占比重最高，占比 33%多；化肥投入在华中地区花生生产投入中所占比重最高，占比近 35%；化肥投入在华中地区油菜生产投入中所占比重最高，占比近 53%。

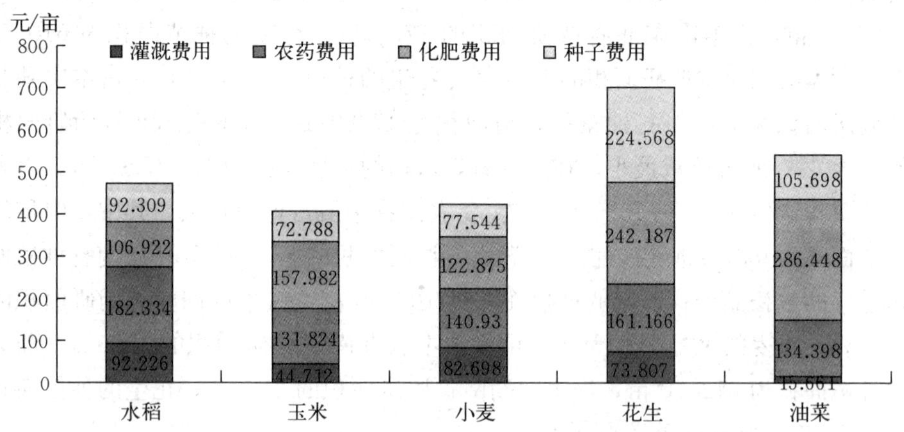

信息附表

	灌溉费用	农药费用	化肥费用	种子费用
水稻	92.226	182.334	106.922	92.309
玉米	44.712	131.824	157.982	72.788
小麦	82.698	140.93	122.875	77.544
花生	73.807	161.166	242.187	224.568
油菜	15.661	134.398	286.448	105.698

图 3－6　华中地区主要农作物生产成本（元/亩）

表 3－11 从各个省的角度汇总了华中地区主要农作物生产成本，其中湖北省水稻灌溉费用最高，湖南省次之，河南省最低。湖南省水稻农药费用最高，

表 3－11　华中地区各省主要农作物生产成本（元/亩）

		水稻	玉米	小麦	花生	油菜
灌溉费用	河南省	1.36	55.32	94.00	125.22	
	湖北省	196.87	65.24	140.19	96.20	26.18
	湖南省	78.45	13.59	13.91		5.14
	平均	92.23	44.71	82.70	73.81	15.66
农药费用	河南省	82.86	69.60	118.91	59.98	
	湖北省	207.99	157.12	186.10	88.52	82.73
	湖南省	256.15	168.75	117.78	335.00	186.07
	平均	182.33	131.82	140.93	161.17	134.40
化肥费用	河南省	126.04	145.96	134.57	160.84	
	湖北省	93.00	127.57	146.81	193.64	343.09
	湖南省	101.72	200.42	87.25	372.08	229.81
	平均	106.92	157.98	122.88	242.19	286.45
种子费用	河南省	133.72	97.37	95.61	318.57	
	湖北省	81.27	79.30	47.13	191.05	59.09
	湖南省	61.94	41.70	89.90	164.09	152.31
	平均	92.31	72.79	77.54	224.57	105.70
总投入费用	河南省	343.99	368.24	443.08	664.60	
	湖北省	579.13	429.23	520.22	569.05	511.08
	湖南省	498.26	424.45	308.84	871.17	573.33
	平均	473.79	407.31	424.05	701.61	542.20

湖北省次之，河南省最低且低于平均水平。河南省水稻化肥费用最高，湖南省次之，湖北省最低。河南省水稻种子费用最高，湖北省次之，湖南省最低；湖北省玉米灌溉费用最高，河南省次之，湖南省最低。湖南省玉米农药费用最高，湖北省次之，河南省最低且低于平均水平。湖南省玉米化肥费用最高，河南省次之，湖北省最低。河南省玉米种子费用最高，湖北省次之，湖南省最低；湖北省小麦灌溉费用最高，河南省次之，湖南省最低。湖北省小麦农药费用最高，河南省次之，湖南省最低且低于平均水平。湖北省小麦化肥费用最高，河南省次之，湖南省最低。河南省小麦种子费用最高，湖南省次之，湖北省最低；河南省花生灌溉费用最高，湖北省次之。湖南省花生农药费用最高，湖北省次之，河南省最低且低于平均水平。湖南省花生化肥费用最高，湖北省次之，河南省最低。河南省花生种子费用最高，湖北省次之，湖南省最低；湖北省油菜灌溉费用最高，湖南省次之。湖南省油菜农药费用最高，湖北省次之。湖北省化肥费用最高，湖南省次之。湖南省种子费用最高，湖北省次之。

表 3-12 从各个规模的角度汇总了华中地区主要农作物生产成本，其中每亩水稻灌溉费用呈现出倒 U 形的变动趋势，在 20～50 亩时达到最高；小麦的每亩灌溉费用大致呈现出 M 形的变动趋势，在 2～5 亩和 10～20 亩时达到两

表 3-12　华中地区各省不同规模主要农作物费用投入情况（元/亩）

规模		水稻	小麦	油菜	玉米	花生
<2 亩	灌溉费用	15.00	84.40	8.90	17.50	32.70
	农药费用	130.60	244.90	92.10	102.10	67.80
	化肥费用	207.10	132.60	298.80	231.20	254.10
	种子费用	125.30	50.40	59.20	92.70	240.30
	总投入费用	478.00	511.90	459.00	443.50	594.90
2～5 亩	灌溉费用	47.70	113.40	8.20	56.10	115.30
	农药费用	175.10	155.80	183.80	140.60	88.00
	化肥费用	96.30	156.10	259.70	134.70	216.80
	种子费用	72.60	115.70	207.10	66.80	351.70
	总投入费用	391.70	541.00	658.80	398.20	771.80
5～10 亩	灌溉费用	128.30	83.90	26.70	79.40	82.60
	农药费用	281.40	54.60	202.00	64.10	64.40
	化肥费用	68.90	119.20	206.40	102.50	123.00
	种子费用	33.50	82.70	89.80	64.90	398.60
	总投入费用	512.20	340.40	524.90	310.90	668.60

（续）

规模		水稻	小麦	油菜	玉米	花生
10～20 亩	灌溉费用	155.60	123.90		58.80	261.20
	农药费用	234.00	143.50		109.90	62.80
	化肥费用	86.80	126.20		97.90	100.40
	种子费用	27.80	82.40		99.60	163.40
	总投入费用	504.20	476.20		366.30	587.80
20～50 亩	灌溉费用	171.20	45.90	0.00	57.60	0.00
	农药费用	247.30	68.40	230.00	76.20	260.00
	化肥费用	68.60	129.10	117.50	157.80	35.30
	种子费用	50.20	80.70	16.00	227.20	29.60
	总投入费用	537.20	324.20	423.50	518.90	324.90
50～100 亩	灌溉费用	72.70	34.70		33.60	0.00
	农药费用	170.40	105.80		72.80	120.00
	化肥费用	81.40	211.10		116.30	51.90
	种子费用	178.50	103.70		45.90	31.10
	总投入费用	387.60	455.20		268.60	203.00
>100 亩	灌溉费用	37.70	88.60	0.00	41.20	0.00
	农药费用	501.20	62.40	255.00	35.80	5.60
	化肥费用	73.00	82.90	130.00	71.70	88.00
	种子费用	94.10	79.50	58.50	36.60	68.10
	总投入费用	705.90	313.40	443.50	112.80	161.70

个峰值；油菜的每亩灌溉费用普遍呈现出较低的费用水平；玉米每亩灌溉费用呈现出倒 U 形趋势，在 5～10 亩时达到峰值，总体费用水平较低；调研数据中花生的每亩灌溉费用与规模呈现出同比例变动趋势，而且在 5 种农作物中费用水平最高。农药费用中水稻呈现出随规模的同比例变化的趋势，规模大于 100 亩时，达到峰值；花生的每亩农药费用在规模 20～50 亩时达到最大，其余规模的波动性均在 100 元以内；小麦每亩的农药费用呈现出波动下降的趋势；玉米每亩农药费用的波动幅度很小，而且总体处于较低费用水平。每亩种子费用的波动幅度在几种费用中波动幅度最大，尤其是花生每亩种子费用，总体呈现出随规模增加而减少的趋势，且波动幅度在 5 种农作物中最大，5～10 亩时，接近 400 元；玉米每亩的种子费用在 20～50 亩时达到最高 227.2 元，其余的波动幅度小，均在 100 元左右；水稻每亩种子费用呈现出先下降后上升的

U 形趋势，波动幅度不大，在 50～100 亩时达到最高 178.5 元；小麦的波动幅度很小均在 100 元左右变动；5 种农作物的每亩化肥费用均呈现出随规模增大而减少的变动趋势，且波动幅度不大。

2. 华中地区种植业收益状况分析

表 3－13 从各个省的角度汇总了华中地区主要农作物收益状况，河南省 5 种农产品的销售价格和利润呈现出相同的变动趋势，就河南省而言，其中各种费用投入最大的是花生，投入最低的是水稻，利润最高的是水稻，利润最低的是小麦，玉米和小麦的利润基本持平，且水稻和花生的利润明显高于玉米和小麦。就湖北省而言，利润和销售价格同样呈现出相同的变化趋势，且波动幅度较河南省更大，其中，售价最高的是水稻，最低的是油菜，利润最高的水稻，最低的是油菜，成本最高的是水稻，最低的是玉米，水稻和花生的利润水平明显高于小麦、玉米和油菜。在所调研省份中，湖南省的成本投入费用、售价和利润波动性最大，且总体的利润水平偏低，玉米出现负利润，其中，除花生外，售价和利润呈现相同的变化趋势，利润最高的是水稻，仍低于三省平均水平，利润最低的是玉米；售价最高的是水稻，最低的是玉米，仅油菜的利润高于三省的平均水平，且水稻和油菜的利润明显高于玉米和小麦。

表 3－13 华中地区各省主要农作物成本利润（元/亩）

		水稻	玉米	小麦	花生	油菜
总投入	河南省	343.99	368.24	443.08	664.60	
	湖北省	579.13	429.23	520.22	569.05	511.08
	湖南省	498.26	424.45	308.84	871.17	573.33
	平均	473.79	407.31	424.05	701.61	542.20
销售价格	河南省	1 190.19	755.25	823.17	1 308.32	
	湖北省	1 426.55	709.26	716.53	1 241.75	628.60
	湖南省	1 190.35	228.44	578.89	878.44	1 016.56
	平均	1 269.03	564.32	706.20	1 142.84	822.58
利润	河南省	846.20	387.01	380.09	643.71	
	湖北省	847.42	280.04	196.31	672.34	117.52
	湖南省	692.10	−136.01	270.05	7.27	443.23
	平均	795.24	177.01	282.15	441.11	280.37

从调查的三省情况来看，如表 3－14 所示，水稻在规模大于 100 亩时的投入费用最大，小麦在种植规模 2～5 亩时的投入费用最大，油菜在种植规模

2～5亩时投入费用最大，玉米在种植规模 20～50 亩时投入费用最大，花生在种规模 2～5 亩时的投入费用最大。总体情况来看，花生在不同规模的投入波动幅度最大。就利润情况而言，花生在种植规模 50～100 亩时的利润明显高于其他 4 种农作物，水稻在种植规模 10～20 亩时的利润最高，小麦的利润在不同种植规模呈现递增趋势，但总体波动幅度不大，玉米总体的利润水平偏低，平均利润低于 500 元/亩。

表 3－14　华中地区不同规模主要农作物成本利润情况（元/亩）

规模		水稻	小麦	油菜	玉米	花生
<2 亩	总投入费用	478.00	511.90	459.00	443.50	594.90
	售价	1 123.10	842.00	859.60	576.90	1 181.90
	利润	644.90	330.10	400.70	133.40	587.00
2～5 亩	总投入费用	391.70	541.00	658.80	398.20	771.80
	售价	1 110.10	879.50	1 142.90	644.90	1 101.50
	利润	718.40	338.50	484.00	246.60	329.80
5～10 亩	总投入费用	512.20	340.40	524.90	310.90	668.60
	售价	1 198.90	874.00	678.70	702.90	1 466.90
	利润	686.80	533.60	153.80	391.90	
10～20 亩	总投入费用	504.20	476.20		366.30	587.80
	售价	1 992.10	852.50		845.30	1 426.00
	利润	1 487.90	376.40		479.00	838.20
20～50 亩	总投入费用	537.20	324.20	423.50	518.90	324.90
	售价	1 299.00	844.90	300.00	674.10	999.00
	利润	761.80	520.70	－123.50	155.20	674.10
50～100 亩	总投入费用	387.60	455.20		268.60	203.00
	售价	820.50	949.00		696.00	2 000.00
	利润	650.50	493.80		427.40	1 797.00
>100 亩	总投入费用	705.90	313.40	443.50	112.80	161.70
	售价	1 281.20	1 136.80	400.00	122.30	1 275.00
	利润	575.50	823.40	－43.50	137.70	1 113.30

（三）华中地区种植业各环节农业机械以及社会化服务利用情况

图 3－7 汇总了华中地区种植业各环节农业机械化利用程度。在主要农作

物生产过程中，翻地和收获时使用机械化的农户最多，分别占调查样本总体的64.07%和60.61%。播种和植保过程中使用机械的农户较少，机械化率较低且分别为28.80%和22.90%。很少的农户在烘干过程中使用机械，机械化率仅为2.35%。

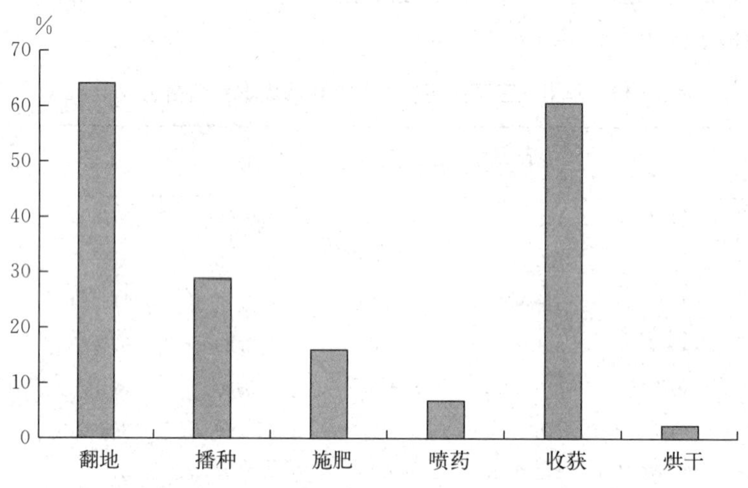

图 3-7　华中地区种植业各环节农业机械化利用程度

图3-8汇总了华中地区种植业各环节所使用的农业机械来源情况。总体上来看。农户在生产过程中所采用的机械多是别人家的机械，自家机械只占很少比重。从各个生产过程来看，收获过程中使用别人家机械所占比重最高，达到92.30%，喷洒农药过程中较少农户使用别人家机械，仅占20.30%。

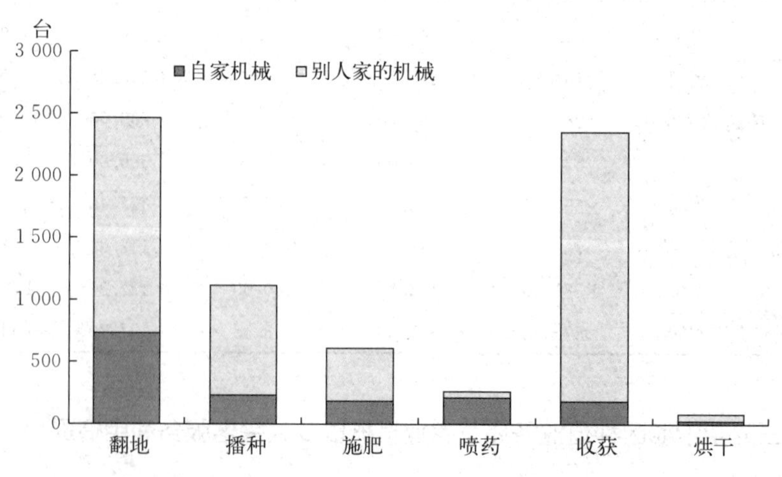

图 3-8　华中地区种植业各环节所使用的农业机械来源

信息附表

	机械化率（%）	自家机械（台）	所占比重（%）	别人家的机械（台）	所占比重（%）
翻地	64.07	733	29.50	1 729	70.50
播种	28.84	231	20.60	884	80.40
施肥	16.01	185	29.80	427	70.20
喷药	6.89	213	79.70	49	20.30
收获	60.61	183	7.70	2 169	92.30
烘干	2.35	26	28.60	55	71.40

注：图 3-7、图 3-8 信息附表。

图 3-9 汇总了华中地区种植业中农业机械化的社会化服务利用情况。从整体上来看，华中地区农业社会化服务利用较低，种植业生产过程中使用别人家的机械多来自机耕户，服务组织所占比重较低，仅有约 16.30%的机械是由社会化服务组织提供。从各个生产过程来看，烘干过程中社会化服务利用程度最高，在使用别人家机械总数中占比 44.30%；喷药过程社会化利用程度次之，在使用别人家机械总数中占比 26.80%；翻地过程中社会化服务利用程度最低，在使用别人家机械总数中仅占比 7.50%。

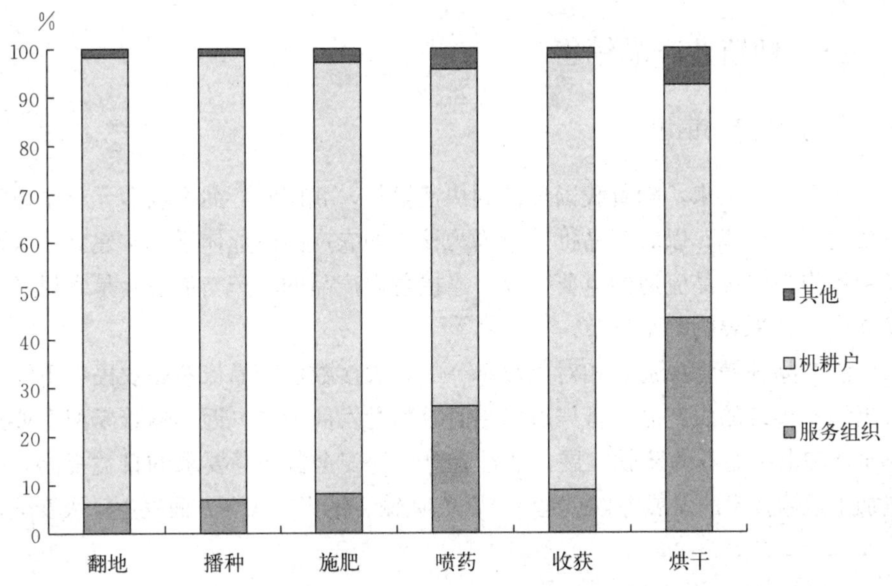

附表信息（台）

	服务组织	机耕户	其他
翻地	94	1 454	28
播种	59	785	12
施肥	34	375	12
喷药	12	32	2
收获	175	1 794	42
烘干	23	25	4

图 3－9　华中地区种植业中农业机械化的社会化服务利用情况

（四）总结

综合上述分析，调研区域种植业的种植结构较为类似，投入产出因地区和种植作物有所区别，种植环节的社会化服务状况也有不同。一是调研区域主要种植粮食作物水稻、玉米、小麦。二是生产经营过程中，从整体上来看，农药投入和化肥投入在华中地区主要农作物的生产投入中居于主要地位，种子投入和灌溉投入居于次要地位，其中也表现出不同规模投入与利润情况的差异。三是农业产出利润以水稻为主。四是农业机械化的使用率较低，使用机械的生产环节集中于播种和收获。因此，建议优化种植结构，抓好商品粮基地建设；开展科学施肥培训，加强农业机械技术的推广。

三、种植业产品销售*

（一）农产品销售

改革开放以来，随着我国经济的快速增长，我国农产品市场多元化主体竞争格局基本形成；以农产品批发市场为核心的农产品流通体系基本建立。农产品销售作为农产品流通的重要一环，连接着农产品的生产与消费，是农村经济发展中十分重要的一个环节。

农产品的销售渠道是相对比较单一的，大多数农产品依然是农民在田间地头出售。传统的农产品销售渠道以小商贩和批发商为主。近年随着新型农业经营主体和电子商务的蓬勃发展，消费者对食物安全营养等要求的日益提高，冷链加工运输技术的发展等，引起农产品在运输、销售方式等方面发生巨大变化。

---

* 本部分执笔人：郝晶辉，参与人：刘畅、王菲、卢雅欣。

首先，在传统的销售渠道中，农民在农产品供应链中承担较高风险，获利不稳定，经常面临“卖难”的问题。其次，农民所处环境相对封闭，无法及时搜集市场行情，进行分析，导致农产品信息不对称，农民易受销售损失。因此，了解目前农产品的销售渠道，对探索我国农产品流通渠道新模式，构建现代农产品流通体系非常重要，从而才能更好解决农产品销售中存在的问题。此部分将按农产品买方作为销售渠道划分的标准，从农产品产值、销售对象、生产加工情况、销售结算、买方与农户签订合同、买方质量安全要求及处理方式等方面介绍河南省、湖北省和湖南省三省的农产品销售情况。

1. 农产品生产情况

如表 3-15 所示，农户产值最高的农产品以粮食作物为主，首先水稻为最高产值的农户最多，超过 1/3，占总样本农户的 38.4%。其次是小麦（17.3%）和玉米（13.3%）。水产品和油料作物为最高产值的农户占样本农户比例较低，如虾、油菜、大豆分别为 2.3%、1.2%、1.0%，占比不高。而以桃、柑橘、梨、蔬菜、菌类等产品为主营产品的农户占比较低，均低于 1%。

表 3-15　农户产值最高农产品

农产品名称	频数	比率（%）	累计比率（%）
水稻	332	38.4	38.4
小麦	150	17.3	79.1
玉米	115	13.3	92.4
虾	20	2.3	94.7
油菜	10	1.2	95.8
大豆	9	1.0	96.9
桃	7	0.8	97.7
夏秋季节蔬菜	5	0.6	98.3
大棚蔬菜	4	0.5	98.7
柑橘	4	0.5	99.2
鱼	3	0.4	99.5
冬春季节蔬菜	2	0.2	99.8
梨	1	0.1	99.9
菌类	1	0.1	100.0
其他请说明	202	23.4	61.7
合计	865	100.00	

2. 农户组织参与产品销售情况

在 1 080 个农户中，208 个在产值最高农产品中填写“无”，故被视作无效样本，予以剔除。另有 7 个农户回答存在逻辑矛盾，也从样本中删除，最终剩余 865 个有效样本农户。其中，84 户参加了组织，约占总体的 9.7%，781 户没有参加组织，占 90.3%。从农户参加的组织来看，74 户农户参加了合作社，占 88.1%；6 户参加了其他组织，2 户农户参加了生产基地，联合社与龙头企业分别只有 1 户参加。总的来说，只有少部分农户参加组织，参加的组织大部分都是合作社，参加生产基地、联合社与龙头企业的农户较少。

如表 3 - 16 所示，在参加组织的 84 个农户中，54.8%的农户由组织统一销售农产品，共计 46 户。其中，39 户由合作社统一销售，占 52.7%。参加生产基地的 2 户中，有 1 户表示由基地统一销售农产品。各有 1 户参加龙头企业和联合社，全部由组织统一销售农产品。此外，参加其他组织的 6 户中，4 户由组织统一销售，占 66.7%，参加组织的农户超过一半由组织统一销售农产品。

表 3 - 16　组织统一销售农产品情况表

组织类型	组织是否统一销售农产品？		合计
	是	比例（%）	
合作社	39	52.7	74
其他组织	4	66.7	6
生产基地	1	50.0	2
龙头企业	1	100.0	1
联合社	1	100.0	1
合计	46	54.8	84

如表 3 - 17，由组织统一销售农产品的 46 个农户中，由组织销售农产品的比例平均为 89.7%，最小为 34%，最大为 100%。39 户参加合作社的农户由组织平均销售的比例为 88.8%，4 户其他组织的农户、参加生产基地和龙头企业的 2 户农户称其组织代他们销售农产品的比例均为 100%。参加联合社的农户表示其组织为其销售农产品的比例为 60%。

表 3 - 17　各类型组织销售农产品情况基本统计描述

组织类型	农户数目	均值（%）	标准差	最小值（%）	最大值（%）
合作社	39	88.8	20.5	34	100
其他组织	4	100.0	.	100	100

（续）

组织类型	农户数目	均值（%）	标准差	最小值（%）	最大值（%）
生产基地	1	100.0	.	100	100
龙头企业	1	100.0	.	100	100
联合社	1	60.0	.	60	60
合计	46	89.7	19.7	34	100

3. 农产品销售加工情况

如表3-18所示，回答该部分问题的农户为851户，剔除调查年度内没有销售农产品的2户，有效样本共849户。从与买家联系的方式来看，849个农户中，714户农户直接联系买家，占有效样本的84.1%；106户由组织牵线，农户直接卖，占12.5%；29户卖给组织，组织再卖，占3.4%。从买方来源来看，849户中，448个农户买方来源于本乡，占52.8%，其次是本县236个，占27.8%，本省外县92个，占10.8%，39个农户买方来源于外省，占4.6%，1个农户买方来源于国外，占0.1%，不清楚买家来源的农户有33户，占3.9%。农户的买方来源随着距离扩大而减少。在直接联系买家的714个农户中，买方来自本乡的共407户，来自本县的共196户，来自本省外县的共71户，来自外省的共26户，来自国外的只有1户。组织牵线，农户直接卖以及卖给组织，组织再卖也基本呈现出买方随来源距离扩大而递减的趋势。

表3-18　产品销售渠道和买方来源

销售渠道	买方来源						合计
	本乡	本县	本省外县	外省	国外	不清楚	
农户直接联系买家	407	196	71	26	1	13	714
	(47.9)	(23.1)	(8.4)	(3.1)	(0.1)	(1.5)	(84.1)
组织牵线，农户直接卖	37	30	14	9	0	16	106
	(4.4)	(3.5)	(1.7)	(1.1)	(0.0)	(1.9)	(12.5)
卖给组织，组织再卖	4	10	7	4	0	4	29
	(0.5)	(1.2)	(0.8)	(0.5)	(0.0)	(0.5)	(3.4)
合计	448	236	92	39	1	33	849
	(52.8)	(27.8)	(10.8)	(4.6)	(0.1)	(3.9)	(100.0)

注：() 是对应数值占总体样本（共849个）的比例。

销售渠道：在849个农户中，通过小商贩销售的农户共578户，占68.1%，通过批发市场或中间商销售的农户共80户，占9.4%，通过合作社或基地或龙头企业销售的农户共56户，占6.6%，通过公司销售的农户共37户，占4.4%，通过电子商务销售的农户共8户，占0.9%，通过超市销售的农户共1户，占0.1%，通过其他渠道销售的农户共89户，占10.5%。总的来说，农户的产品销售渠道仍以传统的小商贩及批发市场或中间商为主，通过新兴的、专业化的渠道较少，例如合作社或基地或龙头企业、公司、电子商务以及超市等。

调研数据显示，如表3-19所示，农户销售的农产品加工水平整体较低，在849个农户中，无加工包装直接销售的农户数为684户，占80.6%，粗加工或粗包装的农户共145户，占17.1%，精加工或精包装的农户仅有20户，占总数的2.3%。其中，通过小商贩销售的农户（578户）中，502户表示未对农产品进行加工，占样本农户的86.9%；70户粗加工或粗包装，占12.1%，精加工或精包装仅有6户，占1.0%。通过批发市场或中间商销售的80户中，64户无加工，占80.0%，14户粗加工或粗包装，占17.5%，2户精加工或精包装，占2.5%。通过合作社或基地或龙头企业销售的56户中，45户无加工，占80.4%，9户粗加工或粗包装，占16.1%，2户精加工或精包装，占3.5%。通过公司销售的37户中，19户无加工，占51.4%，16户粗加工或粗包装，占43.2%，2户精加工或精包装，占5.4%。通过电子商务销售的8户中，2户无加工，占25%，5户粗加工或粗包装，占62.5%，1户精加工或精包装，占12.5%。通过超市销售共1户，采用粗加工或粗包装。由此可见，通过公司和电子商务渠道销售的农产品包装加工比例较高，而通过传统销售渠道销售的农产品加工包装比例较低。

表3-19 各农产品销售渠道下的加工情况（户）

销售渠道	加工情况			合计
	无加工	粗加工或粗包装	精加工或精包装	
小商贩	502	70	6	578
其他（请说明）	52	30	7	89
批发市场/中间商	64	14	2	80
合作社/基地/龙头企业	45	9	2	56
公司	19	16	2	37
电子商务	2	5	1	8
超市	0	1	0	1
合计	684	145	20	849

4. 农产品销售结算情况

销售农产品结束后，当场现金结算是大多数农户选择的结算方式，共 701 户，占 82.6%；采用交易日给部分款，余款交易后付的农户共 57 户，占 6.7%，采用其他结算方式的农户共 41 户，占 4.9%，采用货到付款方式的农户共 38 户，占 4.6%，主要是交易结束后定期结算和买方卖出后再结算，采用提前付款或交付定金的结算方式的农户共 12 户，占 1.5%。

在 97 个农户中，多数农户参加的组织不提取差价，共 73 户，占 75.3%，向卖家提取差价共 2 户，占 2.1%，向社员提取差价共 7 户，占 7.2%，此外，不清楚组织是否提取差价的农户共 15 户，占 15.4%（图 3－10）。

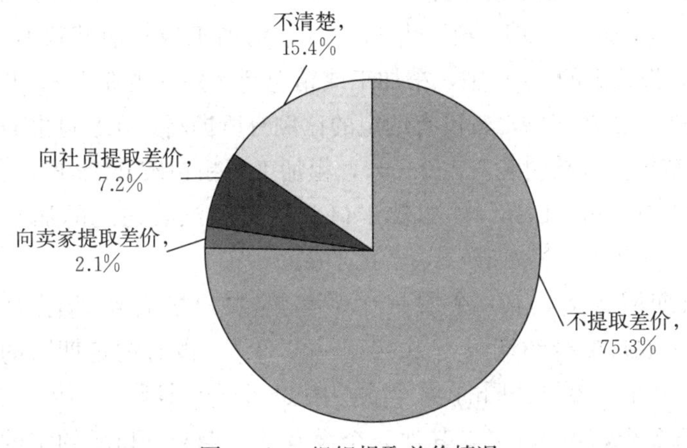

图 3－10　组织提取差价情况

如图 3－11 所示，在回答了“组织是否收购非社员产品”这个问题的 842

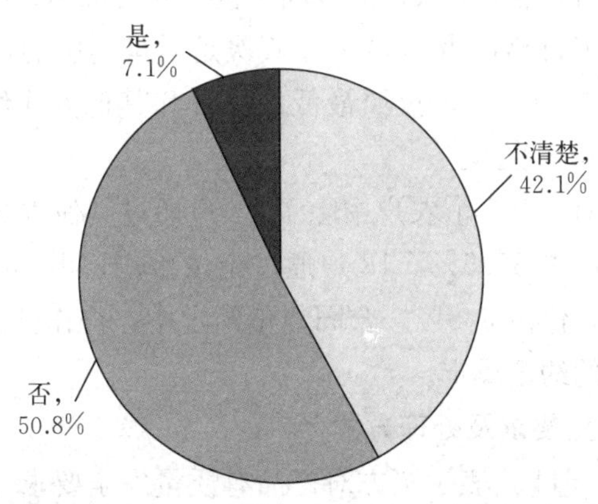

图 3－11　组织收购非社员产品情况

个农户中，428 个农户称其所在组织不收购非社员产品，占 50.8%；354 个农户不清楚组织是否收购非社员产品，占 42.1%，60 个农户所在组织收购非社员产品，占 7.1%。组织收购非社员产品的 60 个农户中，组织给非社员和社员的价格有差异的共 19 户，占 31.7%，没有差异的共 41 户，占 68.3%。由此可见，仅有少数农户所在组织收购非社员产品，并且这些组织多数给社员和非社员的价格没有差异。

5. 农户与买方合同情况

从农户与买方签订合同情况来看，849 户中，742 户没有约定，占 87.4%，64 户有口头约定，占 7.5%，仅有 43 户与买方签订书面合同，占 5.1%。

特别指出，加工情况随着签订合同的正式程度提高有所改善。在没有约定的 742 户中，无加工共 617 户，占 83.2%，精加工或精包装仅有 15 户，占 2.0%。在口头约定的 64 户中，精加工或精包装 2 户，占 3.1%，粗加工或粗包装共 17 户，占 26.6%，较没有约定的比例有所提高。在签订书面合同的 43 户中，3 户精加工或精包装，占 7.0%，粗加工或粗包装共 18 户，占 41.9%，无加工仅 22 户，占 51.16%，相较于口头约定和没有约定的加工水平更高（图 3－12）。

从合同期限来看，107 个农户中，46 个农户的合约期限为 1 年，占 43.0%，2 个农户的合约期限为 10 年，占 1.9%，没有约定期限的共 59 户，占 55.4%。其中，签订合同的 43 个农户中 36 个合约期限为 1 年，占 83.7%，10 年期限的 2 个，占 4.6%，其他 5 个没有约定期限。口头约定的 64 户中，10 个约定期限为 1 年，占 15.6%，其余 54 个农户没有约定期限。故农户与买方大多没有约定期限，即使约定也以短期为主。

从合同定价来看，107 个农户的合同定价主要受市场价影响，59 个农户的合约按照市场价约定价格，占 55.2%，其次是质量的影响，34 个农户按照优质优价约定价格，占 31.8%，按照最低保护价和其他方式约定价格的农户数目均为 7 个，各占 6.5%。

从合同数量来看，107 个农户中除了 44 户通过其他方式约定数量，38 户在收购前约定数量，占 35.5%，18 户通过定量生产，占 16.8%，7 户按照合作社提供数量生产，仅占 6.5%。合同数量约定中，合作社的影响有限，主要由买方和农户之间的约定决定。

6. 买方质量安全要求及处理方式

849 个农户中，611 户表示买方对产品有质量安全要求，占 72.0%，仅有 28.0%的买方没有要求。而 611 户中，80 户要求无公害，占 13.1%，50 户要

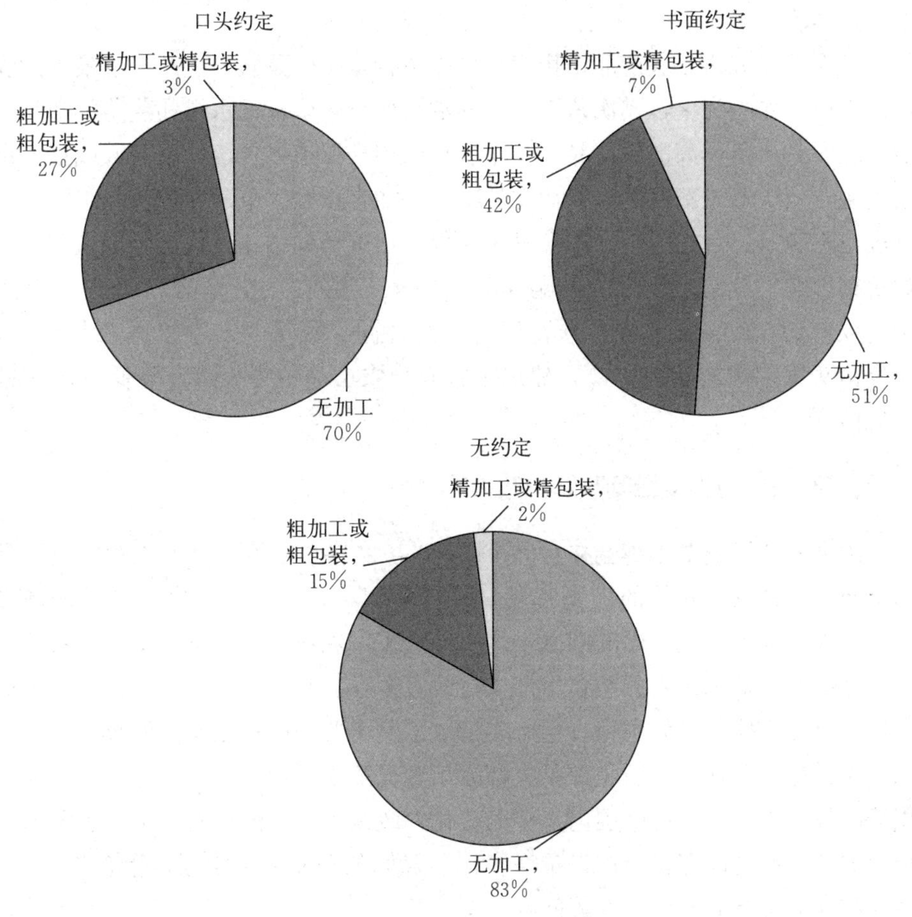

图 3－12　合同类型与加工水平

求绿色，占 8.2%，33 户要求有机，占 5.4%，此外，383 个农户的买方有其他要求，约占 62.7%，具体来说，包括含水量、品相、质量、出芽率、出油率等。同样地，611 户中，71 户会直接视察或者监督生产活动，占 11.6%，540 户不会直接视察或监督。但是无论买方是否直接监督，大部分买方都会对产品进行检测。611 户中，484 户会对产品进行检测，占 79.2%。如果不符合质量要求，611 个农户中，358 户都会拒绝收购，达到了 58.6%，237 户会折价收购，占 38.8%，只有 4 户仍按原价收购，仅占 0.6%，而终止合同或利用其他处理方式各 6 户，分别占 1.0%。由此可见，大多数买方对产品都有质量安全要求，虽然较少地直接视察或监督生产活动，但大部分都会对产品进行检测，如果达不到要求，绝大多数会拒绝收购或折价收购，极少数会继续原价收购或终止合同。

7. 总结

综合上述分析，农产品销售表现出以下特点。一是农户生产产值最高的农产品以粮食作物为主，其次是水产品和油料作物较多，而水果和蔬菜类产品较少作为农户产值最高的农产品。二是农户的销售渠道以传统的小商贩或批发市场为主，较少通过新兴的、专业化的渠道，如合作社、电子商务等，组织参与程度也不高。三是当场现金结算是大多数农户选择的结算方式，定价主要受市场价格影响，其次是质量的影响。四是绝大多数农户交易前和买方没有约定，仅有约 5%的农户与买方签订了书面合同。数量约定中组织参与较少，主要由买卖双方决定。因此，建议拓宽农户农产品销售渠道，降低农产品销售风险。

（二）农户对粮食最低收购价政策的了解

中国人的饭碗要牢牢端在自己手中，"谷物基本自给、口粮绝对安全"是制定我国粮食安全政策的优先考量。2004 年以来，粮食等大宗农产品的增产一直是农业发展优先考虑的问题，逐步形成了以农业投入、价格支持、农业补贴、金融服务等为重点的粮食生产支持政策体系。其中，最低收购价作为价格支持的重要手段，是我国粮食生产支持政策最主要的政策工具。该政策实行初期，在避免谷贱伤农、防止粮价大幅波动和保障农民种粮积极性等方面发挥了积极的效果，但随着国际国内形势的变化，政策弊端日渐显露，出现了国内外粮价倒挂，粮食库存量、进口量增多，下游加工企业举步维艰，粮食生产者、粮企和社会总福利受到损害等问题。

为此，自 2014 年开始，在综合考虑国内粮食产量、仓储承载能力和国际粮价等因素的基础上，国家开始有意识地扭转和淡化最低收购价"只涨不跌"的预期，不再提高水稻和小麦最低收购价，到 2018 年，早籼稻、中晚籼稻和粳稻最低收购价分别为每百斤 120 元、126 元和 130 元，比 2017 年分别下调 10 元、10 元和 20 元，下调幅度分别为 7.7%、7.4%和 13.3%。

本部分讨论了这次调研中有关粮食最低收购价的主要发现，主要内容分为三点：一是农户对粮食最低收购价政策的了解。二是粮食最低收购价变动下农户的行为变化。三是结论与政策建议。

1. 对水稻最低收购价的了解

在实地调查中，通过询问农户"是否知道最低收购价政策?"来考察农户对最低收购价政策的认知。调查显示，大多数受访农户（60.16%）都不知道水稻最低收购价政策。分省份来看，河南省的农户对最低收购价政策的了解令人担忧，仅有3.33%的农户知道该政策，而湖北省和湖南省的受访农户知道最低收购价政策的人数占比相对河南省人数占比多一些，但也低于50%，其人数占比分别是46.78%和38.38%（表3-20）。

表3-20　农户是否知道水稻最低收购价政策

项目	总样本		河南省		湖北省		湖南省	
	数量（个）	占比（%）	数量（个）	占比（%）	数量（个）	占比（%）	数量（个）	占比（%）
知道	247	39.84	1	3.33	109	46.78	137	38.38
不知道	373	60.16	29	96.67	124	53.22	220	61.62
合计	620	100	30	100	233	100	357	100

2. 对小麦最低收购价的了解

通过调查数据可以看出，总体而言，农户对最低收购价政策了解较少，61.4%的农户不知道小麦最低收购价政策。分省份来看，湖南省和河南省的农户知道小麦最低收购价政策的人数占比均不高，仅有40%和35.84%，湖北省农户知道最低收购价政策的人数占比在三省中最高，达53.66%（表3-21）。

表3-21　农户是否知道小麦最低收购价政策

项目	总样本		河南省		湖北省		湖南省	
	数量（个）	占比（%）	数量（个）	占比（%）	数量（个）	占比（%）	数量（个）	占比（%）
知道	105	38.60	81	35.84	22	53.66	2	40
不知道	167	61.40	145	64.16	19	46.34	3	60
合计	272	100	226	100	41	100	5	100

总之，根据以上两个表格的数据显示，湖北省、湖南省和河南省的总受访农户知道水稻和小麦最低收购价政策的人数占比均不超过40%。

3. 粮食最低收购价变动下农户的行为变化

在实地调研过程中，针对知道最低收购价政策的农户，继续询问了“如果政府提高或减少最低收购价两成，农户的行为变化情况”以及“若政府取消最低收购价政策，农户的行为变化情况”，具体情况如下。

（1）提高粮食最低收购价两成的情况下农户的行为变化

根据数据统计可以发现，在提高粮食最低收购价两成的情况下，对于是否增加种植面积的选择，47.37%的水稻种植户和35.24%的小麦种植户表示会增加种植面积；对于是否减少非农工作时间的选择，14.98%水稻种植户和6.67%的小麦种植户表示会减少非农工作时间；对于是否流入土地的选择，42.51%水稻种植户和27.62%的小麦种植户表示会流入土地（表3-22、表3-23）。

表3-22 提高水稻粮食最低收购价两成的情况下农户的行为变化

项目		总样本		河南省		湖北省		湖南省	
		数量(个)	占比(%)	数量(个)	占比(%)	数量(个)	占比(%)	数量(个)	占比(%)
增加种植面积	是	117	47.37			47	43.12	70	51.09
	否	130	52.63	1	100	62	56.88	67	48.91
减少非农工作时间	是	37	14.98			17	15.60	20	14.60
	否	210	85.02	1	100	92	84.40	117	85.40
流入土地	是	105	42.51			42	38.53	63	45.99
	否	142	57.49	1	100	67	61.47	74	54.01

表3-23 提高小麦粮食最低收购价两成的情况下农户的行为变化

项目		总样本		河南省		湖北省		湖南省	
		数量(个)	占比(%)	数量(个)	占比(%)	数量(个)	占比(%)	数量(个)	占比(%)
增加种植面积	是	37	35.24	27	33.33	8	36.36	2	100
	否	68	64.76	54	66.67	14	63.64		
减少非农工作时间	是	7	6.67	5	6.17	2	9.09		
	否	98	93.33	76	93.83	20	90.91	2	100
流入土地	是	29	27.62	19	23.46	8	36.36	2	100
	否	76	72.38	62	76.54	14	63.64		

（2）降低粮食最低收购价两成的情况下农户的行为变化

调查显示，在降低粮食最低收购价两成的情况下，对于是否减少种植面积的选择，42.91%的水稻种植户和33.33%的小麦种植户表示会减少种植面积；对于是否增加非农工作时间的选择，23.48%水稻种植户和17.14%的小麦种植户表示会增加非农工作时间；对于是否流出土地的选择，27.94%水稻种植户和17.14%的小麦种植户表示会流出土地（表3-24、表3-25）。

表 3-24　降低水稻粮食最低收购价两成的情况下农户的行为变化

项目		总样本		河南省		湖北省		湖南省	
		数量(个)	占比(%)	数量(个)	占比(%)	数量(个)	占比(%)	数量(个)	占比(%)
减少种植面积	是	106	42.91			42	38.53	64	46.72
	否	141	57.09	1	100	67	61.47	73	53.28
增加非农工作时间	是	58	23.48			27	24.77	31	22.63
	否	189	76.52	1	100	82	75.23	106	77.37
流出土地	是	69	27.94			25	22.94	44	32.12
	否	178	72.06	1	100	84	77.06	93	67.88

表 3-25　降低小麦粮食最低收购价两成的情况下农户的行为变化

项目		总样本		河南省		湖北省		湖南省	
		数量(个)	占比(%)	数量(个)	占比(%)	数量(个)	占比(%)	数量(个)	占比(%)
减少种植面积	是	35	33.33	26	32.1	7	31.82	2	100
	否	70	66.67	55	67.9	15	68.18		
增加非农工作时间	是	18	17.14	13	16.05	4	18.18	1	50
	否	87	82.86	68	83.95	18	81.82	1	50
流出土地	是	18	17.14	13	16.05	4	18.18	1	50
	否	87	82.86	68	83.95	18	81.82	1	50

（3）取消粮食最低收购价政策的情况下农户的行为变化

总体来看，取消粮食最低收购价政策对农户的行为变化影响不大，对于是否减少种植面积的选择，36.44%的水稻种植户和28.57%的小麦种植户表示会减少种植面积；对于是否增加非农工作时间的选择，25.91%水稻种植户和17.14%的小麦种植户表示会增加非农工作时间；对于是否流出土地的选择，28.34%水稻种植户和21.90%的小麦种植户表示会流出土地（表3-26、表3-27）。

表 3-26　取消水稻粮食最低收购价政策的情况下农户的行为变化

项目		总样本		河南省		湖北省		湖南省	
		数量(个)	占比(%)	数量(个)	占比(%)	数量(个)	占比(%)	数量(个)	占比(%)
减少种植面积	是	90	36.44			35	32.11	55	40.15
	否	157	63.56	1	100	74	67.89	82	59.85

（续）

项目		总样本		河南省		湖北省		湖南省	
		数量（个）	占比（%）	数量（个）	占比（%）	数量（个）	占比（%）	数量（个）	占比（%）
增加非农工作时间	是	64	25.91			28	25.69	36	26.28
	否	183	74.09	1	100	81	74.31	101	73.72
流出土地	是	70	28.34			28	25.69	42	30.66
	否	177	71.66	1	100	81	74.31	95	69.34

表 3－27　取消小麦粮食最低收购价政策的情况下农户的行为变化

项目		总样本		河南省		湖北省		湖南省	
		数量（个）	占比（%）	数量（个）	占比（%）	数量（个）	占比（%）	数量（个）	占比（%）
减少种植面积	是	30	28.57	19	23.47	9	40.91	2	100
	否	75	71.43	62	76.54	13	59.09		
增加非农工作时间	是	18	17.14	12	14.81	4	18.18	2	100
	否	87	82.86	69	81.19	18	81.82		
流出土地	是	23	21.90	17	20.99	6	27.27		
	否	82	78.10	64	79.12	16	72.73	2	100

4. 结论与政策建议

根据河南省、湖北省和湖南省三省的农户实地调研数据，主要得出以下结论：一是农户对最低收购价政策了解程度较低。二是最低收购价政策的变动对农户的行为变动的影响是较小的。针对上述研究结论提出如下几点政策建议。第一，农户对最低收购价政策了解程度较低，说明在推进最低收购价政策改革调整过程中，应当加大政策宣传力度，深入基层宣传，更好地发挥政策自身的调节作用。第二，农户对最低收购价变动的反应不明显，说明目前应该通过保留最低收购价的政策框架，然后对最低收购价格水平进行调整，让最低收购价成为托底价格，充分发挥市场机制对供求的调节作用。

四、养殖业生产经营*

非洲猪瘟（Infection with African Swine Fever Virus，简称：ASF）是由

* 本部分执笔人：熊航，参与人：刘苇。

非洲猪瘟病毒感染引起的猪的一种急性、热性、高度接触性传染病，是世界动物卫生组织法定报告的动物疫病，我国将其列为一类动物疫病。近百年来非洲猪瘟在全球范围内多次发生，遍及东非、欧洲、美洲、亚洲等诸多国家和地区。非洲猪瘟疫情首次被确认于1921年东非国家肯尼亚，之后，于1957年传入欧洲，1971年传入美洲，2007年首次传播至欧亚接壤的格鲁吉亚，迅速传入俄罗斯，并在高加索地区定殖。2012年，传入乌克兰，2013年传入白俄罗斯，2014年传入波兰、立陶宛、拉脱维亚、爱沙尼亚，2016年传入摩尔多瓦，2017年传入捷克、罗马尼亚。随着非洲猪瘟暴发的日趋频繁，我国也未能幸免。2018年8月3日，辽宁省发现首例非洲猪瘟，随后疫情范围不断扩大。据《兽医公报》统计，截至2019年6月，全国累计发生非洲猪瘟144起，波及31个省份，共有19 526头发病，死亡13 314头，扑杀1 056 061头，所感染的种类包含家猪及野猪。

非洲猪瘟肆虐给生猪养殖业带来毁灭性的打击，本文利用电话调研资料描述性地分析非洲猪瘟暴发前后我国华中三省地区散养生猪养殖户及小规模养殖户生产行为变化及未来生猪养殖意愿情况，力图从微观层面阐述养殖农户应对非洲猪瘟时在养殖行为及意愿方面做出的反应。本报告主要采用电话调研的方法收集养殖户畜禽生产、对非洲猪瘟认知及未来养殖意愿等方面的信息。本报告的研究对象主要是散养生猪养殖户及小规模生猪养殖户，按照饲养规模，通常将养殖规模小于50头的农户定义为散养户，按照实际调研情况，本报告将样本农户当年全年饲养的生猪及母猪的规模总和作为分类标准。

本次电话回访共调查了1 080位农户，获得有效问卷920份。下面将根据所得调研数据就非洲猪瘟前后畜禽生产的变化、农户对非洲猪瘟的认知及非洲猪瘟对养殖户未来生猪饲养意愿的影响三方面展开分析。

（一）非洲猪瘟前后畜禽生产的变化

1. 畜禽饲养规模的变化

如表3-28所示，2016—2019年期间，华中三省饲养畜禽的农户数量持续上升，从2016年的569户增长到2019年的624户。具体而言，在2016年，有59户饲养母猪、262户饲养生猪、239户饲养肉鸡、346户饲养蛋鸡、55户饲养肉牛、25户饲养肉羊；2017年，有61户饲养母猪、282户饲养生猪、254户饲养肉鸡、366户饲养蛋鸡、24户饲养肉牛、22户饲养肉羊；2018年，有60户饲养母猪、283户饲养生猪、267户饲养肉鸡、377户饲养蛋鸡、30户饲养肉牛、24户饲养肉羊；2019年，有55户饲养母猪、232户饲养生猪、

285 户饲养鸡、383 户饲养蛋鸡、30 户饲养肉牛、27 户饲养肉羊。从图 3－13 可以看出，在 2017 年及 2018 年饲养母猪、生猪的农户较多，这是由于处于“猪周期”上升阶段，农户看好猪价，进入养猪行业；而在 2019 年，生猪及母猪养殖户锐减，主要是由于 2018 年下半年我国暴发了非洲猪瘟且非洲猪瘟不断肆虐，有效疫苗暂未上市，对疫情的惶恐使得农户退出养猪行业。

表 3－28　2016—2019 年畜禽饲养规模（户）

年份	母猪	生猪	肉鸡	蛋鸡	肉牛	肉羊	总计
2016	59	262	239	346	55	25	569
2017	61	282	254	366	24	22	597
2018	60	283	267	377	30	24	610
2019	55	232	285	383	30	27	624

注：一个养殖户对应多种畜禽品种。

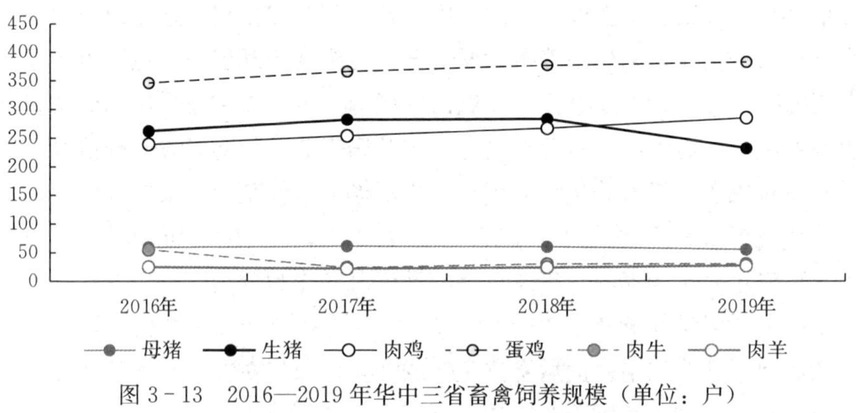

图 3－13　2016—2019 年华中三省畜禽饲养规模（单位：户）

华中三省地区，从事养殖业的农户中约 60％的农户都饲养肉鸡或蛋鸡，出现这一现象的原因可以从两方面来解释。一是当地没有足够大的场地用来搭建猪棚、牛棚、羊棚，而鸡这种体型小的家禽不需要圈养在固定场所，更便于饲养。二是在非洲猪瘟的肆虐下，约 31.30％的农户不清楚非洲猪瘟是否会传染人，更有 17.17％的农户认为非洲猪瘟会传染给人，在这种情况下，农户更倾向于吃自家饲养的鸡，所以会加大对鸡的饲养及食用。三是由于非洲猪瘟使得大量生猪被扑杀，市场上生猪供应减少，猪价上升，吃不起猪肉的农户更易选择鸡肉。四是由于我国消费习惯及牛羊肉价格高昂，大多数农户还是倾向于食用猪肉、鸡肉等肉类产品。

如图 3－14，2016—2019 年期间，生猪及肉鸡的出栏量由 2016 年持续增长到 2018 年后呈悬崖式下跌。生猪出栏量下跌是由于农户针对 2018 年发生非洲猪瘟对生产规模进行调整，减少产量；肉鸡出栏量的暴跌是因为有一户养殖户退出肉鸡的饲养。2016—2019 年间，蛋鸡、母猪两种主要畜禽出栏量变化趋势相似，从 2016 年增长至 2017 年后在 2018 年小幅下降，又在 2019 年大幅上升。肉羊出栏量在 2019 年大幅上升，是因为当年新增一户肉羊养殖大户，肉羊出栏量为 230 头；剔除这一大户的影响，肉羊出栏量在 2016—2019 年持续下降。肉牛出栏量为 6 类畜禽中出栏量最低的品种，且 2016—2019 年间变化不大；主要是因为农村消费者更偏好猪肉及羊肉，对牛肉消费少。

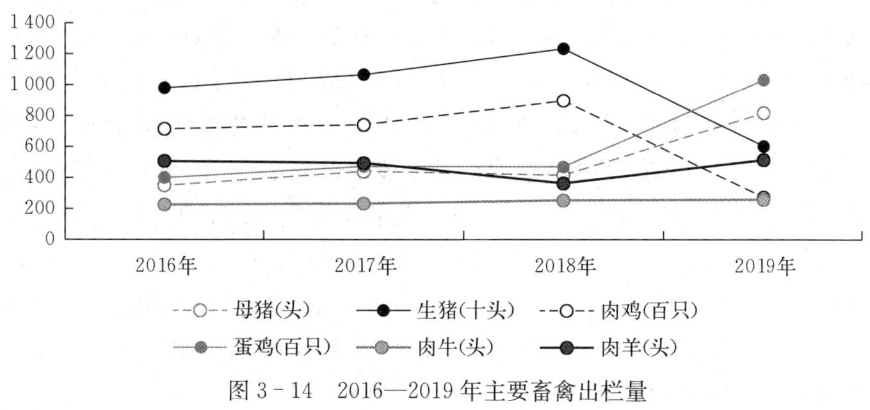

图 3-14　2016—2019 年主要畜禽出栏量

如图 3-15 所示，2016—2019 年期间，生猪出栏量先从 2016 年的 9 804 头增长至 2018 年的 12 358 头，后在 2019 年下降至 6 060 头，下跌 50.96%；由于在 2018 年、2019 年饲养生猪或母猪的养猪户中约 45.17%、42.26%的农户遭受了非洲猪瘟疫情，疫情带来的生猪大量死亡及对养殖户补栏积极性的挫

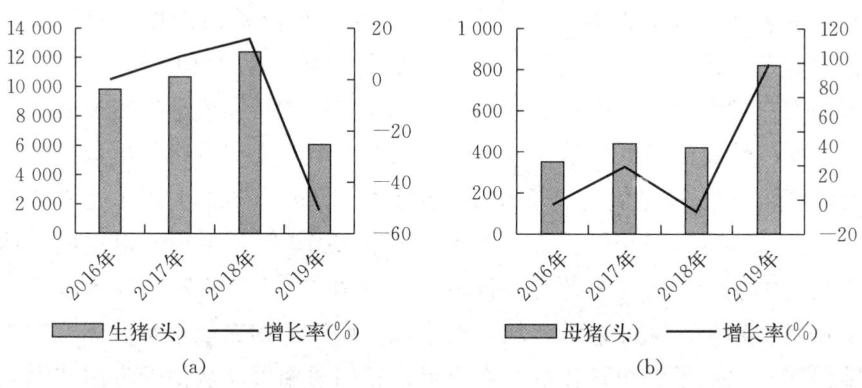

图 3-15　2016—2019 年生猪（a）、母猪出栏量（b）及增长率的变化

伤使得 2019 年的生猪出栏量大幅减少。据调研，约 7.70%的农户不饲养生猪的原因是当地没有仔猪出售或者仔猪价格太高，仔猪市场供给短缺；同时，由于 2018 年非洲猪瘟的影响市场上生猪减少，对能繁母猪的需求也增大，部分养殖户在 2019 年扩大母猪饲养规模。

据调查，2016—2019 年间超过 60%的农户饲养过畜禽。有 61.8%的农户在 2016 年饲养过畜禽。其中能繁母猪养殖平均数为 0.38 头/户，生猪养殖平均数为 10.66 头/户，肉鸡养殖平均数为 77.63 只/户，蛋鸡养殖平均数为 43.48 只/户，肉牛养殖平均数为 0.246 头/户，肉羊养殖平均数为 0.551 只/户；有 64.9%的农户在 2017 年饲养过畜禽，其中能繁母猪养殖平均数为 0.478 头/户，生猪养殖平均数为 11.6 头/户，肉鸡养殖平均数为 80.57 只/户，蛋鸡养殖平均数为 51.41 只/户，肉牛养殖平均数为 0.253 头/户，肉羊养殖平均数为 0.537 只/户。相较 2016 年，在 2017 年 6 类畜禽的养殖规模都有所提高。2018 年，有 66.3%的农户饲养畜禽。其中能繁母猪养殖平均数为 0.455 头/户，生猪养殖平均数为 13.43 头/户，肉鸡养殖平均数为 97.73 只/户，蛋鸡养殖平均数为 51.29 只/户，肉牛养殖平均数为 0.278 头/户，肉羊养殖平均数为 0.398 只/户。2019 年，有 67.8%的农户饲养畜禽。其中能繁母猪养殖平均数为 0.891 头/户，生猪养殖平均数为 6.587 头/户，肉鸡养殖平均数为 29.984 只/户，蛋鸡养殖平均数为 112.464 只/户，肉牛养殖平均数为 0.284 头/户，肉羊养殖平均数为 0.562 只/户。可以明显看出，2019 年农户生猪养殖规模较之前大幅减少，户均生猪养殖数量减少 103.88%。

据调查，有 55 户在 2019 年扩大了生猪养殖规模，其中有 30 户遭受了非洲猪瘟；有 113 户在 2019 年缩小了生猪养殖规模，有 53 户遭受了非洲猪瘟，那么在 2019 年对生猪养殖规模进行调整会影响非洲猪瘟疫情发生的概率吗？从表 3-29 可以看出，养殖户“2019 年生猪养殖规模调整”这一情况在“养殖户是否遭受疫情”中不存在显著差异。在 2019 年扩大生猪养殖规模的农户遭受疫情可能性的均值为 0.55，在 2019 年缩小生猪养殖规模的农户遭受疫情可能性的均值为 0.47，在 2019 年不改变生猪养殖规模的农户遭受疫情可能性的均值为 0.39，P 值为 0.112 4，未通过显著性检验。因此，我们认为养殖户是否遭受疫情不受其在 2019 年对生猪养殖规模的调整的影响，可能的原因在于所考察的农户虽然在 2019 年调整了养殖规模，但是变化幅度较小。除此以外，从非洲猪瘟主要感染的途径来看，饲养规模的调整仍旧避免不了长距离传播，农户走亲串门等都可能从他处带回非洲猪瘟病毒。

表 3-29　养殖户是否遭受疫情关于 2019 年生猪养殖规模调整的单因素方差分析

	扩大养殖规模	缩小养殖规模	不改变养殖规模	显著性
养殖户是否遭受疫情	0.55	0.47	0.39	/

2. 畜禽产品价格的变化

如表 3-30 所示，2018 年 12 月猪肉均价为 12.55 元/斤，2019 年 7 月猪肉均价为 22.927 元/斤，2019 年 12 月猪肉均价为 26.798 元/斤，猪肉价格大幅上涨，较 2018 年 12 月猪肉价格上涨 113.53%。农户就未来 3 个月的猪肉价格走势判断，其中 1.6%的农户认为猪肉价格将会大幅下降。38.2%的农户认为猪肉价格将会小幅下降，这部分农户坦言通过新闻报道，相信国家会调控猪价，让人民吃得起猪肉。30.4%的农户认为猪肉价格基本不变，认为市场猪肉短缺而农村地区高昂猪价使得消费者望而却步，相互作用下猪肉价格未来 3 个月基本不变。24.2%的农户认为猪肉价格将会小幅上涨，1.6%的农户认为猪肉价格将会大幅上涨，他们认为将近年关，农户对猪肉的需求会大幅增加，市场供不应求，猪价上升。

2018 年 12 月鸡肉价格平均值为 13.53 元/斤，2019 年 7 月鸡肉价格平均值为 15.271 元/斤，2019 年 12 月鸡肉价格平均值为 18.042 元/斤，鸡肉价格上涨明显，较 2018 年 12 月鸡肉价格上涨 33.35%。未来 3 个月的鸡肉价格走势，0.5%农户认为鸡肉价格大幅下降，19.5%农户认为鸡肉价格小幅下降，47.9%农户认为鸡肉价格基本不变，20.6%农户认为鸡肉价格小幅上涨，1.1%农户认为鸡肉价格大幅上涨。

2018 年 12 月牛肉价格平均值为 37.75 元/斤，2019 年 7 月牛肉价格平均值为 39.991 元/斤，2019 年 12 月牛肉价格平均值为 44.754 元/斤，牛肉价格小幅上涨，较 2018 年 12 月牛肉价格上涨 18.55%。未来 3 个月的牛肉价格走势，0.3%农户认为牛肉价格大幅下降，12.6%农户认为牛肉价格小幅下降，46.9%农户认为牛肉价格基本不变，25.1%农户认为牛肉价格小幅上涨，1%农户认为牛肉价格大幅上涨。

2018 年 12 月羊肉价格平均值为 35.499 元/斤，2019 年 7 月羊肉价格平均值为 36.784 元/斤，2019 年 12 月羊肉价格平均值为 42.012 元/斤，羊肉价格小幅上涨，较 2018 年 12 月羊肉价格上涨 18.35%。未来 3 个月的羊肉价格走势，0.4%农户认为羊肉价格大幅下降，9.5%农户认为羊肉价格小幅下降，42.9%农户认为羊肉价格基本不变，22.6%农户认为羊肉价格小幅上涨，1%

农户认为羊肉价格大幅上涨。

总体来看，农户认为未来 3 个月猪肉价格下降的可能性更大，而鸡肉、牛肉和羊肉未来 3 个月价格更可能保持不变。主要原因是农户肉鸡及蛋鸡饲养规模较大，吃不起或者害怕吃猪肉的情况下会更愿意食用自家养殖的鸡肉或鸡蛋，所调研的农户中大部分不吃牛羊肉，因此认为鸡肉、牛肉、羊肉未来 3 个月价格基本不变。

表 3-30　2018 年 12 月—2019 年 12 月主要畜禽产品价格变化及养殖户对价格趋势判断

项目	样本数	均值	标准差	最小值	最大值
2019 年 12 月猪肉价格	854	26.798	3.888	15	50
2019 年 7 月猪肉价格	822	22.927	9.009	6	50
2018 年 12 月猪肉价格	838	12.55	4.982	4.8	109
猪肉价格趋势	885	2.854	0.875	1	5
2019 年 12 月鸡肉价格	755	18.042	8.378	4	80
2019 年 7 月鸡肉价格	729	15.271	7.897	3	60
2018 年 12 月鸡肉价格	734	13.53	7.562	2.8	60
鸡肉价格趋势	827	3.027	0.724	1	5
2019 年 12 月牛肉价格	723	44.754	8.617	14	85
2019 年 7 月牛肉价格	673	39.991	8.453	10	75
2018 年 12 月牛肉价格	695	37.75	7.96	4	62
牛肉价格趋势	792	3.163	0.691	1	5
2019 年 12 月羊肉价格	586	42.012	19.463	14	437
2019 年 7 月羊肉价格	542	36.784	10.244	13	80
2018 年 12 月羊肉价格	567	35.499	9.891	13	100
羊肉价格趋势	705	3.187	0.682	1	5

3. 生猪养殖户养殖收入的变化

在所有养殖户中，有 20.3%的农户认为非洲猪瘟降低了自己养殖收入，每户养殖户平均收入损失为 10 537 元；在发生了非洲猪瘟疫情的养殖户中，100%的农户都遭受损失。从表 3-31 可以看出，养殖户的不同属性在“遭受非洲猪瘟疫情的经济损失”中不存在显著差异。生猪养殖小户在遭受非洲猪瘟疫情下的经济损失均值为 42 951.03，生猪养殖大户在遭受非洲猪瘟疫情下的经济损失均值为 139 816.93，P 值为 0.220 2，未通过显著性检验。因此，根据此次调研结果，我们判定不同生猪养殖规模的养殖户的经济损失不存在显著差异，主要是因为本次调研中养猪大户、大型养殖场较少，生猪饲养设备、场地等固定资产较少，其间接损失与小型生猪养殖户无显著差异。

表 3-31　不同生猪养殖规模的养殖户经济损失的单因素方差分析

	小户	大户	显著性
遭受非洲猪瘟疫情的经济损失	42 951.03	139 816.93	/

（二）养殖户对非洲猪瘟的认知

关于农户对非洲猪瘟新闻报道的关注度，15.8%的农户完全不关注，17%的农户不太关注，19.6%的农户一般关注，36.6%的农户比较关注，10.7%的农户非常关注。关于非洲猪瘟是否传染给人，如图 3-16a 所示。17.17%的农户认为非洲猪瘟会传染给人，31.30%的农户不清楚非洲猪瘟是否传染给人，51.52%的农户认为非洲猪瘟不会传染给人。可见，农户对非洲猪瘟还不是很了解，如图 3-16b 所示。

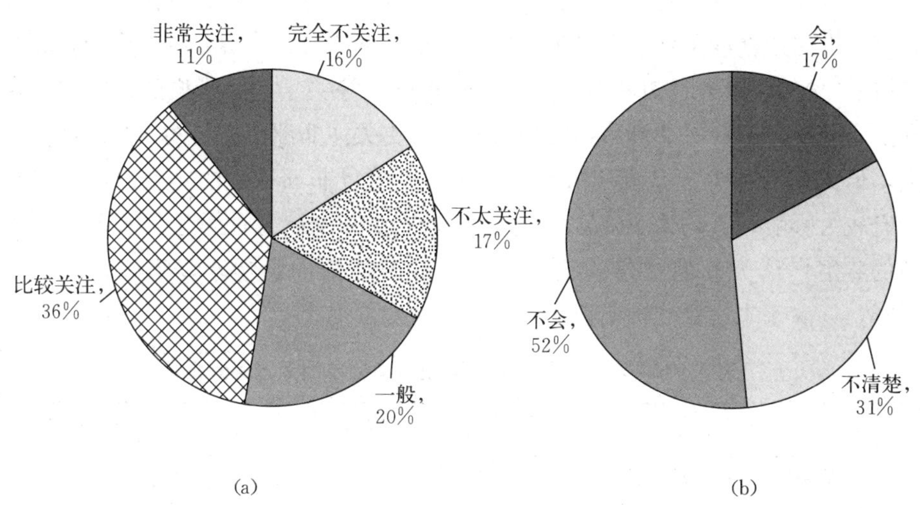

图 3-16　农户对非洲猪瘟新闻报道关注程度（a）及对非洲猪瘟是否传染人的了解（b）

如图 3-17（a）所示，关于非洲猪瘟疫情的新闻报道是否会影响农户的生猪养殖行为，23.2%农户认为完全不影响，20.1%农户认为不太影响，

10.4%农户认为一般影响，31.9%农户认为比较影响，11.8%农户认为非常影响。如图 3－17（b）所示，关于其他省份的非洲猪瘟疫情是否会影响农户养殖行为的认知，28.2%农户认为完全不影响，25%农户认为不太影响，28.2%农户认为一般影响，5.3%农户认为比较影响，11.8%农户认为非常影响。

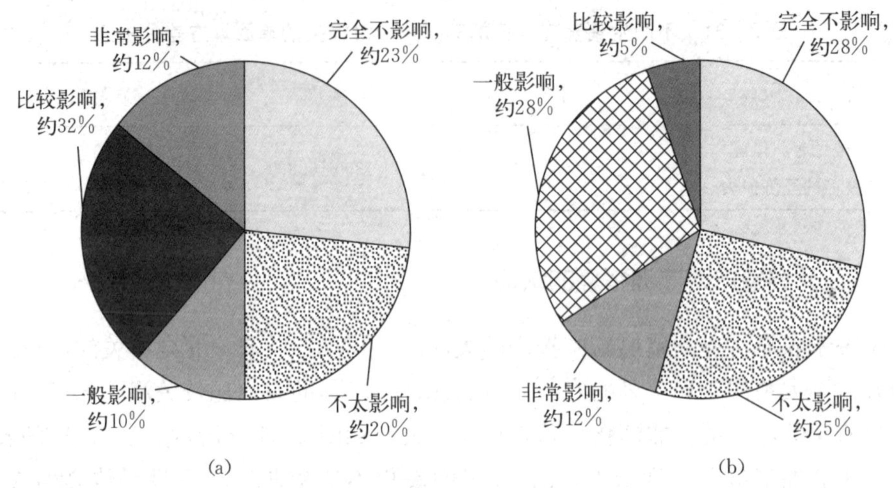

图 3－17　猪瘟疫情的新闻报道（a）、其他省份的猪瘟疫情（b）对农户养殖行为的影响程度

从表 3－32 可以看出，养殖户“自家是否发生过非洲猪瘟疫情”这一情况在“非洲猪瘟新闻关注度”“非洲猪瘟疫情新闻报道对养殖行为的影响程度”“其他省份的猪瘟疫情对养殖行为的影响程度”等关于非洲猪瘟的认知中均存在显著差异。遭受过非洲猪瘟疫情的养殖户更关注非洲猪瘟新闻，其新闻关注度均值为 3.42；非洲猪瘟疫情新闻报道对遭受过非洲猪瘟的养殖户的养殖行为有较大影响，其均值为 3.58，远高于未遭受非洲猪瘟的养殖户；发生过疫情的养殖户认为其他省份的猪瘟疫情对养殖行为的影响程度更高，均值为 3.28，远高于未遭受非洲猪瘟的养殖户。

表 3－32　养殖户关于非洲猪瘟认知的单因素方差分析

	自家发生过疫情	自家未发生过疫情	显著性
非洲猪瘟新闻关注度	3.42	3.03	***
非洲猪瘟疫情新闻报道对养殖行为的影响程度	3.58	2.75	***
其他省份的猪瘟疫情对养殖行为的影响程度	3.28	2.43	***

（三）非洲猪瘟对养殖户未来生猪饲养意愿的影响

2018年8月至今，发生过非洲猪瘟的村子占比为45.3%。发生非洲猪瘟的频次平均数为0.46次/村。发生非洲猪瘟次数最多的是3次。其中15.9%的农户发生过非洲猪瘟，发生非洲猪瘟的平均次数为0.159次/户。在发生非洲猪瘟前的生猪养殖规模平均数为4头/户，非洲猪瘟之后生猪养殖规模减为0.165头/户，生猪养殖规模减少23倍。在发生非洲猪瘟前的母猪养殖规模平均数为0.405头/户，非洲猪瘟之后生猪养殖规模减为0.012头/户，母猪养殖规模减少33倍。

调研显示，有293户（约31.85%）未来1～2年打算养猪，其中有100户遭受过非洲猪瘟，193户未遭受过非洲猪瘟。农户未来打算饲养生猪的原因中，24%农户选择自家食用需要，重要性排名最低；16%农户选择预期猪价高，重要性排名第五；8.7%农户选择出现有效疫苗，重要性排名第四；6.1%农户选择有效保险政策，重要性排名第三；5.9%的农户认为其他原因重要性最高，主要是养猪是这部分农户的主要收入来源；5.9%农户选择有环保政策支持养猪重要性排名第二。在有养猪意愿的293户农户中，有8.3%的农户选择扩大养猪规模，扩大生猪养殖规模的原因有6个。5.1%农户选择预期猪肉价高，原因重要性排名第二；4.6%农户选择自家食用需要，原因重要性排名第五；2.5%农户选择出现有效疫苗，原因重要性排名最低；2.3%农户选择有环保政策支持养猪，原因重要性排名第四；2.2%农户选择其他原因，原因重要性排名最高，2%农户选择有效保险政策，原因重要性排名第三。2.8%农户选择缩小养猪规模，88%的农户选择保持原规模不变。缩小生猪养殖规模的原因有6个，1.7%农户选择猪瘟等疫情风险高，原因重要性排名最低；1.2%农户选择市场风险高，原因重要性排名第五；0.8%农户选择其他原因，原因重要性排名最高；0.8%农户选择缺乏劳动力，原因重要性排名第三；0.6%农户选择自家食用需求减少，原因重要性排名第二；0.5%农户选择缺乏养殖技术，原因重要性排名第四。有67.2%的农户在未来1～2年不打算养猪。不打算饲养猪的原因有6个。34.6%农户选择其他原因，原因重要性排名第二；26.7%农户选择缺乏劳动力，原因重要性排名最低；22.1%农户选择猪瘟等疫情风险高，原因重要性排名第五；21.2%农户选择市场风险高，原因重要性排名最高；20.2%农户选择环保政策限制，原因重要性排名第三；18.3%农户选择缺乏养殖技术，原因重要性排名第四。

调研发现，有145户农户遭受过非洲猪瘟，其中100户打算继续养猪，42

户未来 1～2 年将退出养猪行业，3 户不确定是否继续从事养猪；从表 3 - 33 可以看出，“本村是否发生过非洲猪瘟疫情”及“自家是否发生过非洲猪瘟”这两类不同的情况在“未来 1～2 年生猪饲养意愿”中存在显著差异。且本村发生过疫情的养殖户未来养猪意愿均值在 0.42，本村未发生过疫情的养殖户未来养猪意愿均值在 0.25；自家发生过疫情的养殖户未来养猪意愿均值在 0.70，自家未发生过疫情的养殖户未来养猪意愿均值在 0.25。因此，相较于养殖户所在村及养殖户自家未发生过非洲猪瘟疫情的养殖户而言，养殖户所在村及养殖户自家发生过非洲猪瘟疫情的养殖户在未来 1～2 年更愿意饲养生猪。可能的原因在于部分发生过疫情的散养户认为国家能做好非洲猪瘟防控工作，控制非洲猪瘟的扩散，且存在认为发生过一次疫情而后复发的可能性较低的心理。

表 3 - 33　生猪饲养意愿的单因素方差分析

	本村发生过疫情	本村未发生过疫情	显著性
生猪饲养意愿	0.42	0.25	**
	自家发生过疫情	自家未发生过疫情	显著性
生猪饲养意愿	0.70	0.25	***

（四）主要结论及政策建议

根据数据分析得出：非洲猪瘟暴发确实对畜禽养殖户造成一定的冲击，但是冲击影响的程度略有不同。从生产来看，疫情发生后大量养殖户退出养猪行业，蛋鸡饲养规模不断扩大，肉牛及肉羊饲养规模变化不大；生猪出栏量大幅下降，猪肉价格迅速攀升，带动鸡肉、牛肉及羊肉等替代品价格上升，但上升幅度小于猪肉；有 20.3%的农户认为非洲猪瘟降低了自己养殖收入，每户养殖户平均收入损失为 10 537 元，不同生猪养殖规模的养殖户的经济损失不存在显著差异。从养殖户对非洲猪瘟认知来看，农户对非洲猪瘟的认知度整体偏低，而发生过非洲猪瘟疫情的农户对非洲猪瘟的认知显著高于未发生过疫情的农户。从养殖户未来生猪养殖意愿来看，未来 1～2 年愿意养猪的农户约 31.85%，比重略高于 2019 年的 31.20%，相较于养殖户所在村及养殖户自家未发生过非洲猪瘟疫情的养殖户而言，养殖户所在村及养殖户自家发生过非洲猪瘟疫情的养殖户在未来 1～2 年更愿意饲养生猪。

因此，建议：一是利用财政补贴等手段扶持退出市场的养殖大户，帮助其尽快恢复生产，同时要加快投放储备的冻猪肉，稳定国内猪肉供给，稳定国内物价水平。二是加强非洲猪瘟科学知识宣传，向农户科普非洲猪瘟传播途径、防控要点等，提高农户对非洲猪瘟的认知度，消除恐慌心理。三是进一步提升规模化养殖场在种群选育、养殖技术、疫病防治等领域的水平，积极研发各类生猪疾病疫苗，降低猪周期及疫病等外来冲击对我国生猪产业的影响。

五、农业机械使用*

农业机械化是缓解城镇化、老龄化带来的农村劳动力缺乏，提高农业生产效率，促进农业发展的重要途径。自新中国成立以来，我国的农业机械化已走过近 70 年，为深入了解农村机械化的发展状况，“华中农业大学大数据调研”项目组组织大批本科生、研究生走进河南省、湖北省、湖南省三省的农户家中，向农户了解其生产机械的使用情况。调研内容包括，生产机械拥有方式、最初拥有年份、生产机械的类型、生产机械补贴获取情况等。

（一）农户拥有生产机械的方式

总体来看（图 3-18）三个省份 1 080 户农户中只有 20%的农户拥有生产机械。而农户对于农业生产机械的拥有方式有自家独自拥有和与他人共有两种，如图 3-19 所示，但在所有拥有生产机械的农户中，绝大部分（89%）的农户选择独自拥有生产机械。由于农户与他人合购生产机械的情况较少，这里以及之后的部分都不再描述。

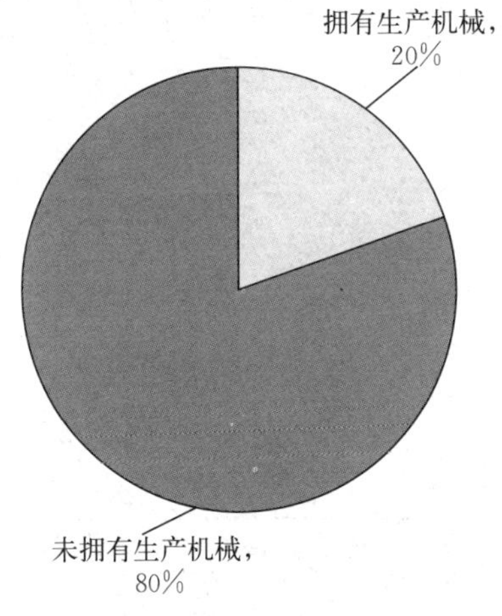

图 3-18　农户是否拥有生产机械图

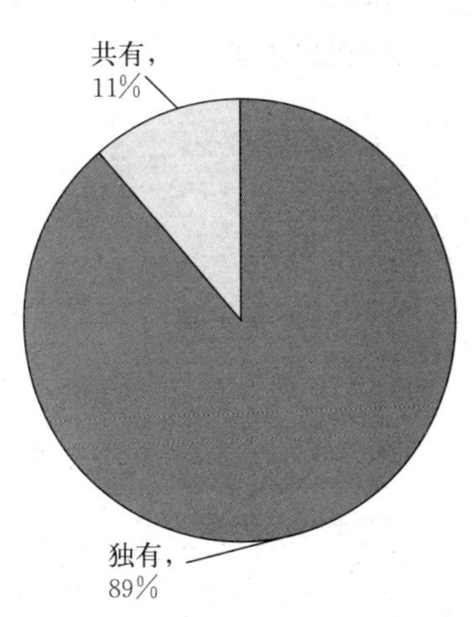

图 3-19　农户自家是否独自拥有生产机械

* 本部分执笔人：熊航，参与人：黄华霖。

图 3-20 描述了截至 2018 年农户独自拥有生产机械的情况，表明河南省、湖北省、湖南省三省的农户绝大部分没有独自拥有生产机械，其中河南省独自拥有生产机械的农户最多，有 77 户，湖北省次之，有 64 户，湖南省最少，只有 48 户。

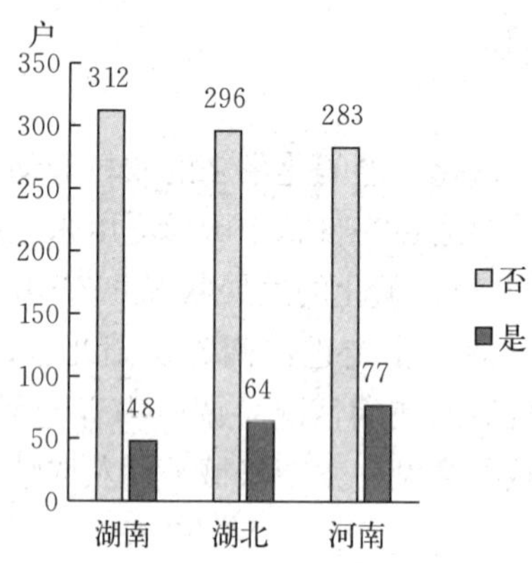

图 3-20　农户拥有生产机械的方式

（二）农户拥有生产机械的时间变化

从时间发展来看，如图 3-21 所示，最早在 1985 年就有农户独自拥有生产机械为农业生产提供便利。往后 25 年，三个省份的农户自家独自拥有生产机械的数量发展较为平缓，有少量增长，直到 2010 年三个省份的农户自家独自拥有生产机械的数量迅速上升。

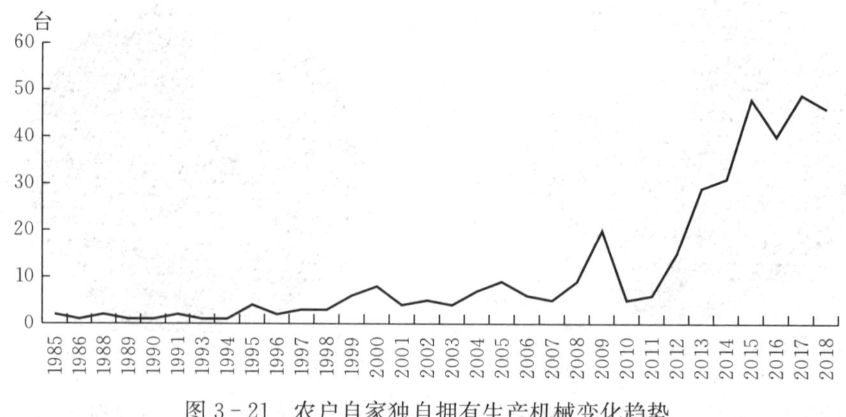

图 3-21　农户自家独自拥有生产机械变化趋势

（三）农户拥有生产机械的机械类型

从生产机械类型来看，如图 3－22 所示（由于类型较多，且有些类型的生产机械拥有数较少，这里只展示了数量超过 3 台的生产机械类型），在农户自家独自拥有的生产机械中，最多的为旋耕机，占比 26%；农用车、轮式拖拉机也是农户自购较多的生产机械，分别占比 24%、15%；最少的为打谷机或脱粒机和履带拖拉机均仅占 1%。

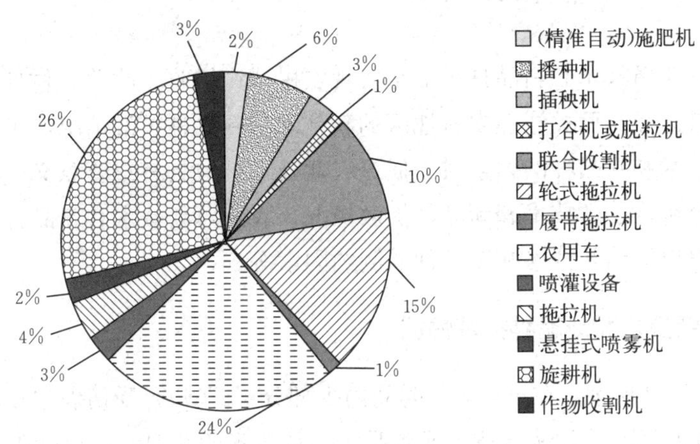

图 3－22　农户自家独自拥有生产机械的类型

（四）农户拥有生产机械的补贴情况

农业机械化是促进我国农业发展的重要途径，国家早已将农机购置补贴列入“三补贴”强农惠农政策，鼓励农户购置生产机械。自实行农机购置补贴政策到 2018 年已有 13 年，而在这三个省份中独自购置的生产机械的农户中得到补贴的仍占少数，仅有 36.8%，如表 3－34 所示。从补贴金额来看，农户自家独自拥有生产机械共获得补贴 194.8 万元，扣除补贴后农户总出资为 1 077.5 万元。

表 3－34　独自购置生产机械的农户是否获得补贴情况（户，%）

是	否	合计
138	237	375
36.8	63.2	100

（五）结论及政策建议

结合上述分析得出：农户拥有生产机械的主要方式为个人独有，三个省份独自拥有生产机械的农户数量差异较小；从时间发展来看，农户拥有生产机械的数量在不断增加，从量上反映了我国农业机械化程度在不断的发展。但是推动农业机械化发展的农机购置补贴政策还有待进一步落实。

六、新技术与新品种采用*

推动农业新技术和新品种扩散是实现农民增产增收、改善农村环境、节约资源的有效途径，而关注在农村地区的新技术和新品种扩散情况，了解阻碍农户采纳新技术和新品种的因素对于促进农业技术扩散具有重要意义。因此，此次调研内容包含了新技术和新品种扩散情况、农户对新技术和新品种的信息获取途径、农户采纳新技术和新品种的制约因素等。

（一）新技术和新品种扩散情况

如图 3－23 所示，在过去 5 年时间内少部分（8%户）受访农户反映他们所在的村庄有大范围的采纳新技术或新品种。从各省的情况看，反映他们所在的村庄有大范围的采纳新技术或新品种的受访农户最多的是湖北省（11%），其次是河南省（8%），最少的是湖南省（5%）。但是同一村庄的不同农户对于该问题的回答不尽一致，造成这种偏差的原因可能是农户获取信息的途径不同。

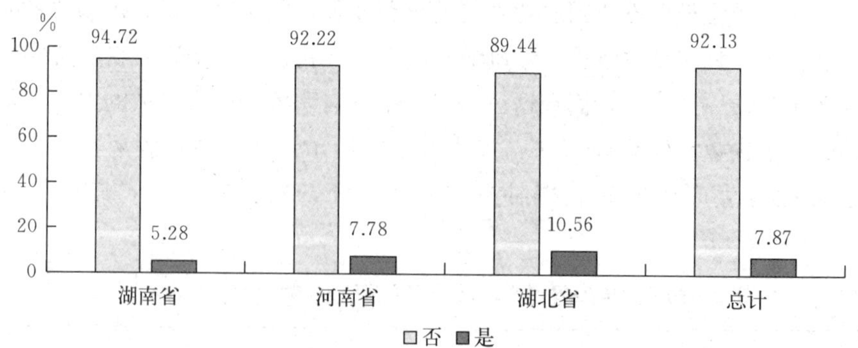

图 3－23　过去 5 年村内是否开始大范围采纳新技术或新品种

* 本部分执笔人：熊航，参与人：黄华霖。

（二）新技术和新品种信息获取途径

图 3－24 显示了农户获取技术信息的途径，“口口相传”是农户获取技术信息的主要途径，在所有获取信息的渠道中占比 32.34%，这在一定程度上反映了在农村，邻里之间的日常交流对于技术信息的扩散起到了较大的作用。由于这种信息传播方式在传播过程中会造成一定的信息损失，农户所获得的信息可能存在偏差，可能在一定程度上造成了同一村庄的不同农户对于“是否有新技术/新品种在本村大范围采纳?”回答的差异，不过这能反映出该村存在该项技术。其次政府支持占比 21.22%，技术与培训和示范户/示范基地也是传播技术信息的重要途径，均占比 14.15%。为能较真实地反映村内是否大范围采纳新技术/新品种，会继续询问回答“是”的农户（总共 85 户），“据您所知，目前多少比例的农户已经采纳?”，若农户回答的比例在 50%及以上，则在一定程度上可以认为该村有大范围采纳新技术/新品种。从图 3－25 中可知有 71%的农户回答的比例大于等于 50%，这些农户所在的村庄确有大范围采纳新技术/新品种，但这些村庄仍占少数。

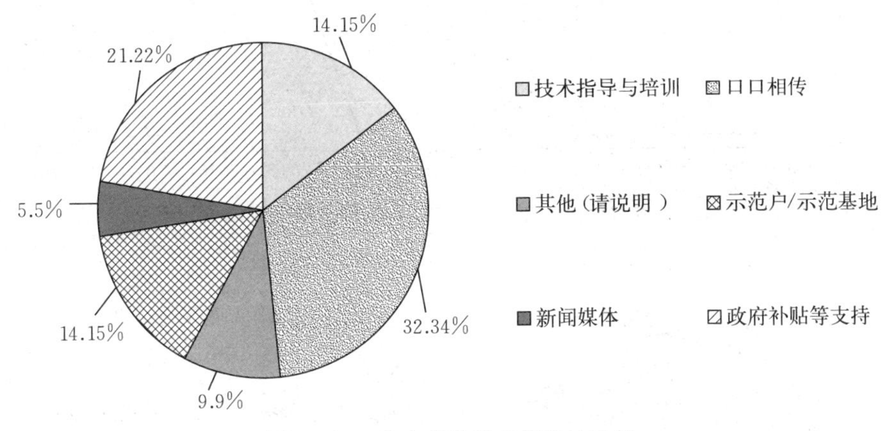

图 3－24　农户获取技术信息的途径

（三）新技术和新品种采纳的时间发展情况

从时间维度上看（图 3－26）三个省份中大范围采纳的新技术/新品种数量整体呈增长趋势，在 2014 年以后，开始大范围采纳新技术/新品种的村庄数量增长加快。从技术类型来看，如图 3－27 所示，在村内大范围采纳的技术类型为新品种技术，占比 51%。其次是节省劳动力技术，占比 25%，最少的为病虫害防治技术、节水灌溉技术和环境友好型技术均只占 1%。

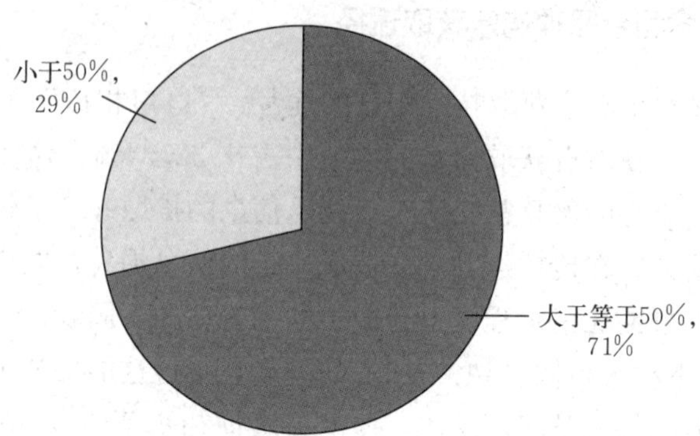

图 3-25　据农户所知，目前村内已经采纳新技术/新品种的农户比

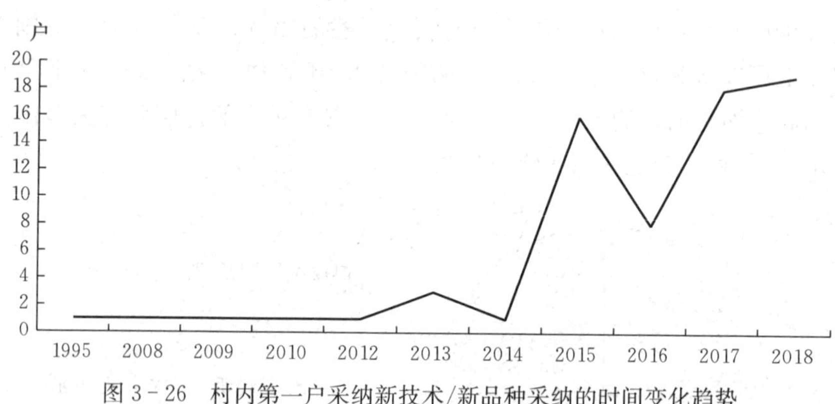

图 3-26　村内第一户采纳新技术/新品种采纳的时间变化趋势

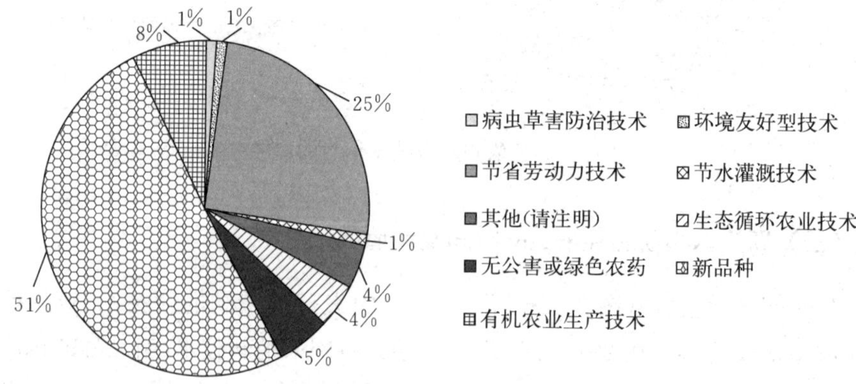

图 3-27　新技术/新品种的类型

（四）新技术和新品种采纳的制约因素

图 3－28 显示了受访农户是否采纳新技术/新品种的情况（这些技术包含所有对于问题“本村是否大范围采纳新技术/新品种？”回答“是”的农户所提到的技术），三个省中只有少部分（22%）农户表示采纳新技术/新品种。对于未采纳的原因，大部分农户（38%）反映是自家的生产规模太小，使用效率太低。这在一定程度上表明生产规模是限制农户采纳新技术/新品种的主要原因。其次，部分农户（19%）认为该项新技术/新品种的价格不值，即认为采纳之后无法为自己带来较高的收益。再次，基础设施不健全（14%）、缺乏劳动力（10%）和采纳该项新技术/新品种的价格自家无法承受（9%）也是阻碍农户采纳新技术的重要原因（图 3－29）。

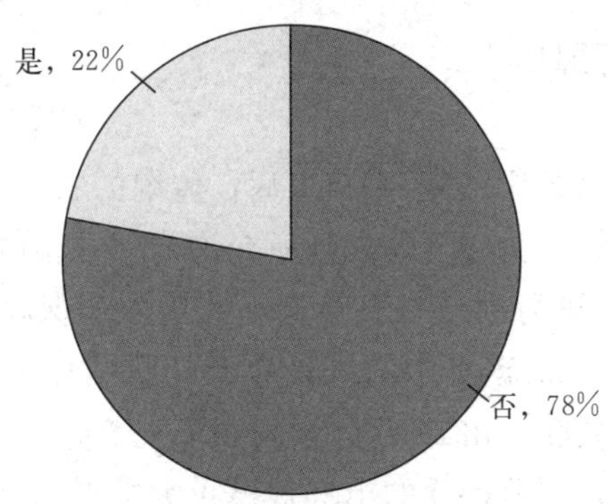

图 3－28　农户是否采纳本村大范围采纳的新技术/新品种

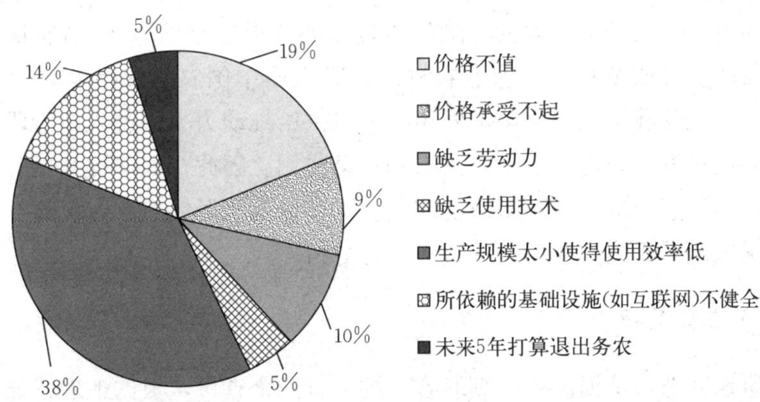

图 3－29　农户未采纳新技术/新品种的原因

（五）结论及政策建议

总的来说，新技术/新品种在三省中的扩散程度较低，仅有少部分村庄存在大范围的新技术/新品种的采纳情况。而农户获取这些技术信息的渠道多样化，“口口相传”的非正式交流是信息扩散的主要渠道，但这可能会造成一定的信息损失。技术培训、政府支持等正式交流渠道也是信息扩散的重要渠道，可以减少信息损失，可以加大技术培训和政府支持的力度。同时，从阻碍农户技术采纳的因素来看，应该进一步完善土地流转制度，促进土地流转，实现规模经营，给予农户技术补贴支持，健全信贷金融体系，减少农户的资金约束，并完善农村地区的基础设施，推动农业机械化进程，完善促进社会化服务体系，缓解农户家庭劳动力不足的阻碍。

七、生产经营风险*

中国加入世界贸易组织（WTO）之后，传统的农业种植方式受到了较大的冲击，农业保险政策作为 WTO 规则所允许的“绿箱政策”，政府开始大力推广。自 2007 年中央进行财政补贴算起，我国农业保险历经十几年的发展，已经取得了一定成果。根据《中国统计年鉴》数据显示，2007 年至 2017 年间，我国农业保险保费收入由 52 亿元增长到了 479 亿元，保险赔付也由 30 亿元增长到了 333 亿元，农业保险的市场规模扩大了近 10 倍。但与之形成鲜明对比的是，我国农业保险的承保率仍然偏低，保障水平不高，农业保险保额仅相当于农业产值的 22%左右。2019 年 5 月中共中央深化改革委员会第八次会议审核通过了《关于加快农业保险高质量发展的指导意见》，将高质量发展作为新阶段的重要改革目标。农业农村部在第六届中国农业保险专题论坛上指出，过去十几年我国农业保险的发展主要以供给推动为主，进入新阶段后，为加快其高质量发展，需高度重视需求的拉动作用。因此，如何提高新时代背景下农户的参与意愿成为急需解决的问题。本部分就主要针对农业保险在各省的实施情况以及对于农户投保行为进行综合分析。

（一）总体分析

调研地区选取了河南省、湖北省、湖南省三个省份，根据地理特征和经济

---

* 本部分执笔人：贺娟，参与人：李承鸿。

意义的综合考量，每个省选取 6 个县（市），然后采用随机抽样的方式每个县选取 6 个村，每个村抽取 10 位农户，共获得 1 080 份问卷。考虑到调研员的数据录入错误等其他因素，剔除其中有明显异常值的问卷，共获得 1 029 份有效问卷，其中河南省 333 份，湖北省 349 份，湖南省 347 份。

由图 3－30 可知，在被调研的农户中，购买过农业保险的有 358 户，没有购买过农业保险的有 671 户，购买农户约占被调研总体的 35%，整体占比较小，说明农业保险的实施情况还比较差，购买率还有很大的提升空间。对于购买过农业保险的农户，我们询问了最近一次购买的时间，购买时间在最近 3 年（2016—2018 年）的占据了 89.8%，还有 10.2%农户是在 3 年前购买过农业保险，而最近几年却没有购买。说明这部分农户在购买了农业保险之后可能出于某些原因又放弃了购买，表明农户购买农业保险的时间在一定程度上不具有连续性。对于从来没有购买过农业保险的农户，我们接着询问其下一季度是否会购买农业保险，由图 3－31 可以看出，对于未购买的农户，下阶段仍然不购买的意愿依然非常强烈，大约 3/4 的农户选择继续不购买，还有 129 户农户不确定下一季度是否购买，只有 59 户选择下阶段会购买，所占比例不到 10%。说明目前农业保险的推进程度还比较慢，每年新增愿意投保农户比例增加缓慢，现阶段农户对于农业保险的认知程度还比较低。

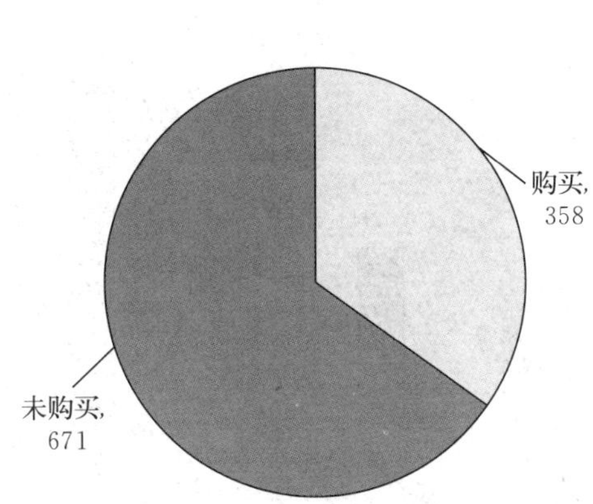

图 3－30　农户购买农业保险的总体情况

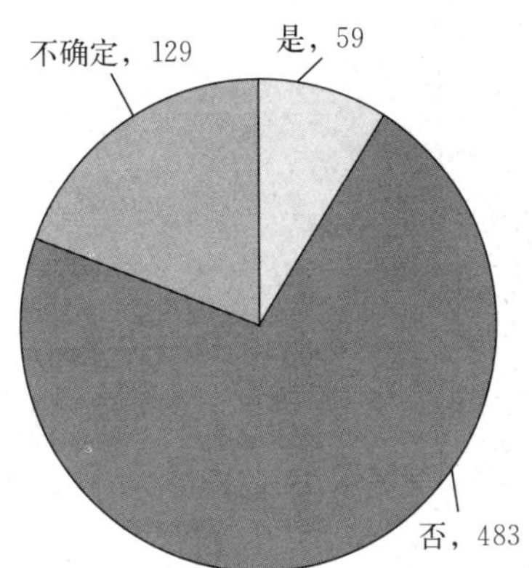

图 3－31　未购买农业保险的农户下季度是否会购买

对于农户购买农业保险的原因，数据统计结果分布如图 3－32 所示。

首先是农户购买农业保险最主要的原因是可以降低损失，其次是自己觉得心里安心和村干部推荐，由于别人购买自己才购买以及被要求购买所占的比例比较低。还有少部分农户选择其他原因，主要包括村里统一购买、所在的村小

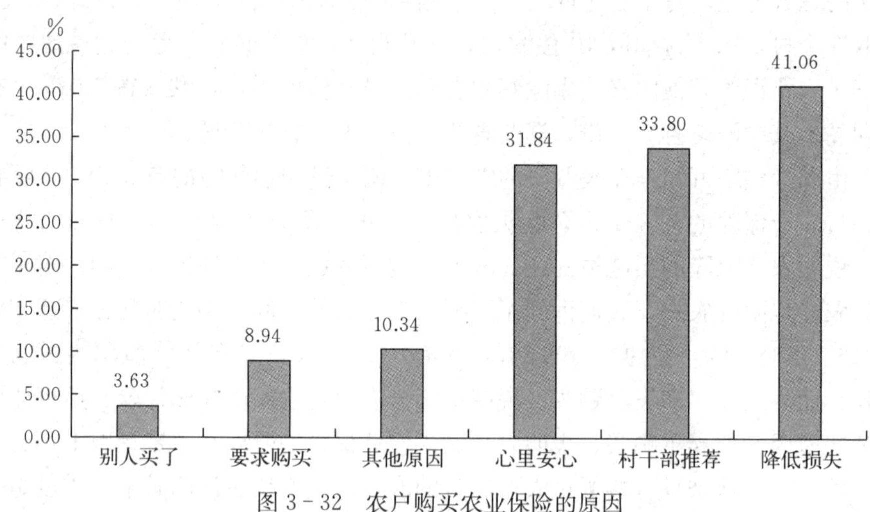

图 3-32　农户购买农业保险的原因

组或者合作社统一购买和当地政府统一免费购买。分析发现，农户购买农业保险主要是为了防范风险而进行的主动购买，而村干部推荐也是其中很大一部分原因，说明村干部对于农户的投保行为还是产生了较大的影响。

对于下季度仍选择不购买的原因，统计结果分布如图 3-33 所示。

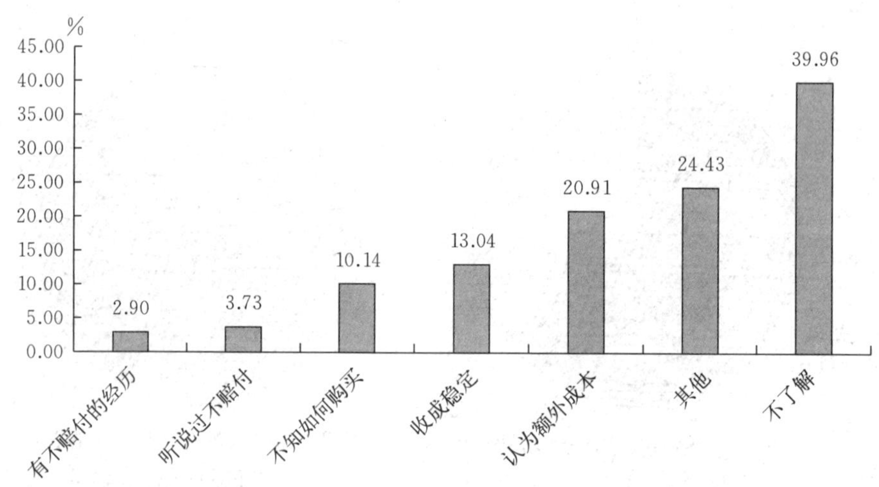

图 3-33　农户未购买农业保险的原因

对于未购买的原因，最主要的是不了解农业保险的运行和赔付机制，其次是认为农业保险是额外的成本、不知道如何购买和认为自己的收成稳定不需要购买。只有极少数的农户是由于有过损失而不赔付的经历或者听说过别人有损失而不赔付的经历。但是有相当一部分人选择了其他原因，分析这些选择，主要包括觉得自己的耕地面积小没有必要买、对保险公司不信任、以后不打算种地了、没有多余的钱购买。这里面的原因很重要地反映了当今农村农业生产的现状，种地收入少、从事农业生产的多为老年人、人均耕地面积小等问题。

除了以上问题，调查组还调查了被访问农户距离村委会的距离，每半年去村委会了解信息或者参加活动的次数，2019 年以来参加农业技术培训的次数，身边亲朋好友购买农业保险的人数，通过上述几个问题分析外部因素是否会影响农业保险的购买情况。将数据分为总体样本、购买过农业保险和下季度也不购买农业保险 3 组，数据统计如图 3 - 34 所示：

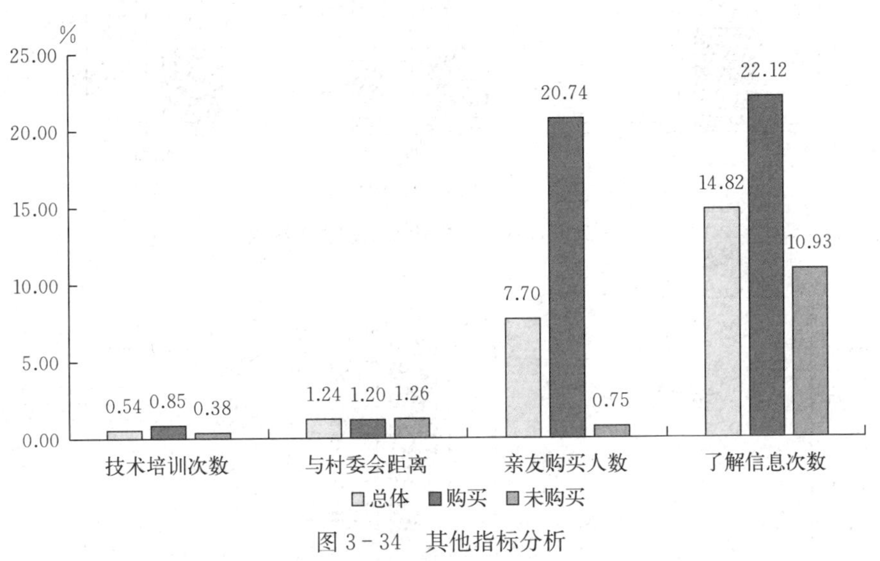

图 3 - 34　其他指标分析

可以看出，家庭距离村委会的距离 3 组都比较接近，由于样本量足够大，购买过和未购买农户在空间分布上相对比较均匀，在了解信息的次数、获得技术培训的次数和身边亲友购买农业保险的人数这 3 个方面，购买过农业保险的农户和其他两组还是存在较大差别的。购买过农业保险的农户平均值均显著高于总体样本，其了解信息的次数和参加技术培训的次数大约是未购买组的两倍，而身边亲友购买农业保险的人数差异最为明显，大约是未购买组的 30 倍，说明购买农业保险的农户对于农业生产更加积极，他们会选择去了解更多的信息，参加更多的技术培训，而身边亲友购买人数较多则可能也是影响农户自身购买农业保险的一个非常重要的因素。

图 3－35、图 3－36 显示了三个省份购买情况和下一阶段的购买选择，图 3－35 表明湖北省和湖南省情况基本接近，买过农业保险的农户基本上是未买过农业保险的一半左右，河南省情况稍微好一点，购买过农业保险的农户大约比其他两省多约 20%，说明这三个省份大体情况还是比较接近的，农业保险的覆盖范围还有很大的提升空间。图 3－36 显示了未买过保险农户下阶段的选择所占的比例，三个省份中大约 70%的农户会依然选择不购买，河南省有 11.44%农户会选择下季度购买，而湖北省和湖南省只有不到 10%的农户会选择购买，剩下的人不确定下阶段是否购买。

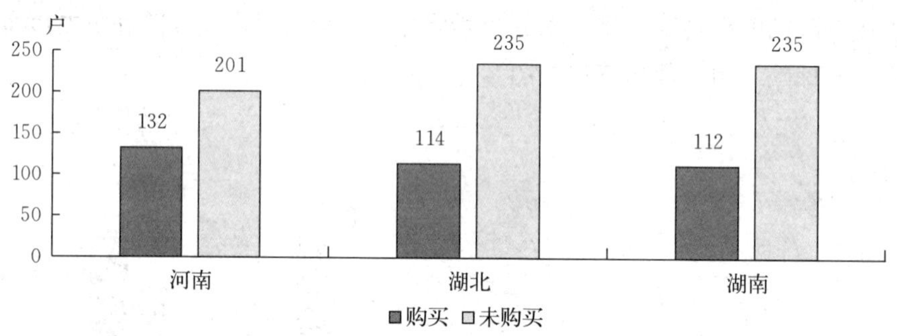

图 3－35　各省农户农业保险购买情况对比

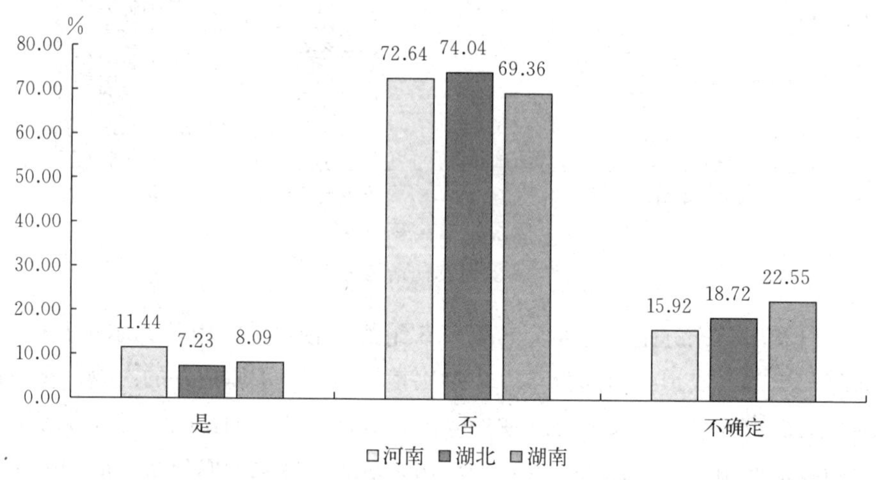

图 3－36　下季度各省农户购买农业保险选择所占比例

（二）分省份分析

上一部分显示了此次总体样本的数据特征和三省购买农业保险的基本情况，而各个省份内部是否存在差别需要我们进一步的分析。

1. 河南省农业保险购买情况分析

由图 3-37 可知，河南省各县购买情况的差异还是比较大的，购买率最高的地方是新乡市，剔除异常值问卷之后，受访农户中超 60%的人都买过农业保险。确山县和新乡市的情况相同，都是将近一半的农户购买过。偃师市有超过 1/3 的农户购买过，而南召县和新郑市的情况则比较差，被调研农户中只有差不多 20%的人购买过农业保险。

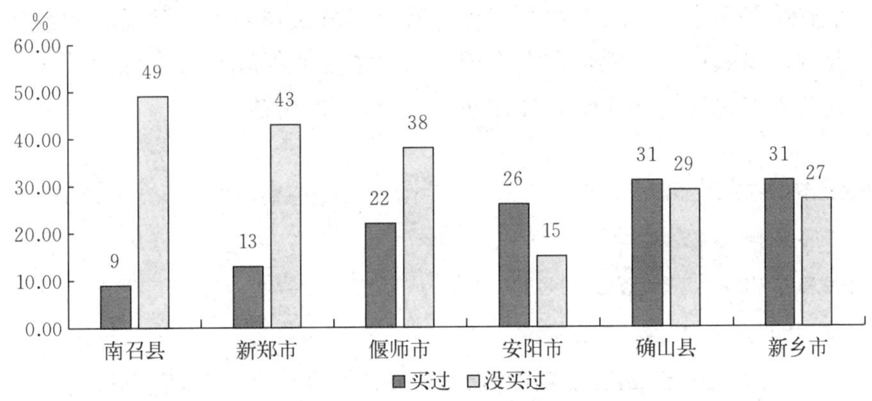

图 3-37　河南省各县（市）购买农业保险的情况

注：由于剔除异常值数据，导致各县（市）总户数不同，下述图表也是如此。

农户购买农业保险排在前三的原因分别是村干部推荐、降低损失和购买后心里安心，所占比例分别为 41.67%、28.79%和 19.70%。村干部推荐购买排在第一位，说明基层村干部对农业保险的推广起了很大的作用，而村民相对而言是非常信任村干部的。被要求购买和别人买了占据的比例不到 10%，说明农户购买主要是自主购买，受他人影响的因素较少（图 3-38）。

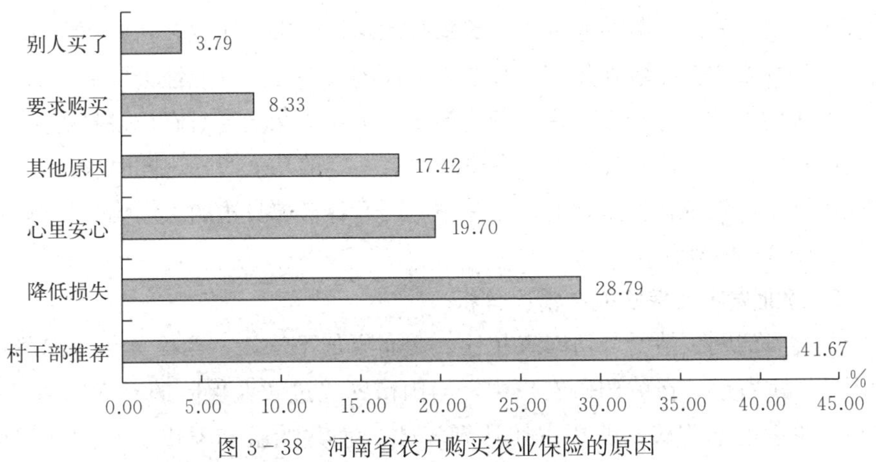

图 3-38　河南省农户购买农业保险的原因

对于在下个阶段仍选择不购买的原因，排在第一位的是对于农业保险不了解，所以不想选择轻易尝试。接下来的是认为农业保险是额外的成本，所占比例为 26.03%。自己有过不赔付的经历和听说过别人有不赔付的经历这两个原因所占的比重都比较小，说明目前农业保险的赔付机制基本可以获得农户的认可，还有 23.97%的农户选择了其他原因（图 3－39）。通过询问发现主要有以下几个方面原因：觉得自己没有钱买、对于保险公司及其赔付制度不信任、认为农业保险是多余的。从上述回答可以看出部分农户对于风险没有明确的认知，觉得从事农业种植就是靠天吃饭，而对于农业保险和农业保险公司不信任，这是农业保险推广过程中面临的一个比较大的难题。

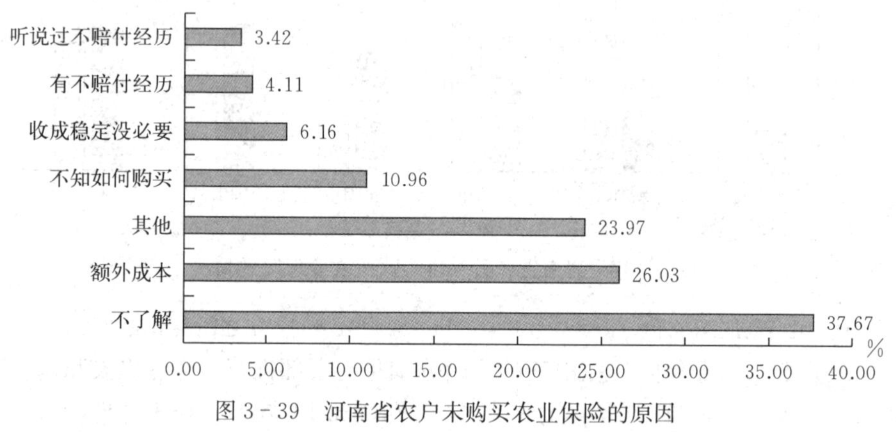

图 3－39　河南省农户未购买农业保险的原因

购买农业保险的农户平均距离村委会的距离是小于未购买组的，其去村委会参加活动、了解信息的次数也明显高于未购买组，说明距离村委会近的农户由于相对便利，所以了解信息的次数会比较多，因而会购买农业保险的可能性比较大。对比发现，购买组的农户参加技术培训的次数比较多，说明参加务农技术培训的农户对于农业生产更关心，因而购买保险的可能性会增加。而身边亲友购买的人数也比较多，说明身边亲友购买农业保险会对农户自身购买产生明显的正向影响，因为在农业生产中也会有一定的从众心理，同时农民在人际交往中又是比较依赖村里面的社会关系，因而容易被身边的人影响，具体指标分析如图 3－40 所示。

2. 湖北省农业保险购买情况分析

湖北省的购买情况与河南省相比，分布更加不均衡，两极分化更加严重。如图 3－41 所示，在被调研农户中，当阳市购买过农业保险的有 52 人，7 人选择下季度也不购买，购买占比达到 90%。而建始县和罗田县则刚好相反，

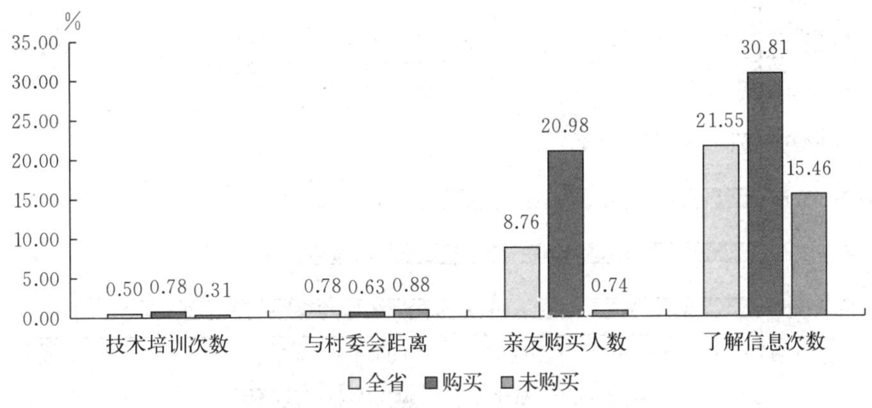

图 3-40　河南省其他指标分析

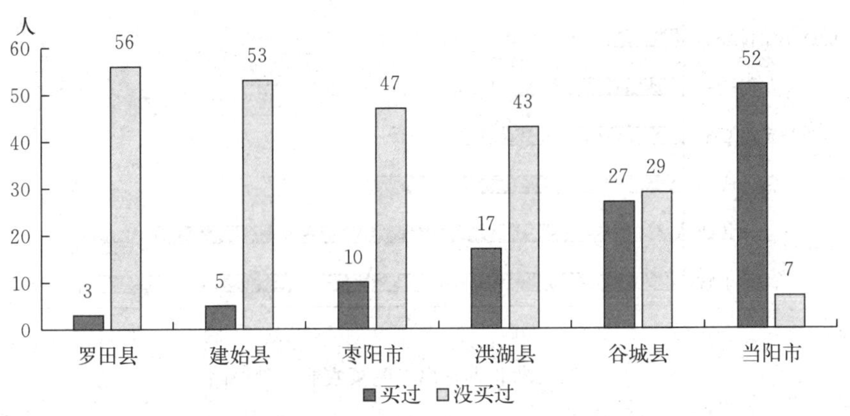

图 3-41　湖北省各县（市）购买农业保险情况

只有几个农户购买过农业保险，超过 90%的农户没有买过。谷城县购买过的农户大约有一半，而洪湖县和枣阳市则仅有一小部分农户购买过。

如图 3-42 所示，有 54.39%的农户选择购买农业保险是为了降低损失，排在第二和第三位的是购买后觉得自己心里安心和村干部推荐，分别有 38.6%和 31.58%的农户选择。被要求购买所占比重只有 10.53%，由于别人购买和其原因加起来还不到 5%。

由图 3-43 可以看出，有 36.78%的农户由于不了解农业保险而选择不购买，排在不购买的理由的第一位。接下来是认为农业保险是额外的成本，有 19.54%的农户选择此原因。认为收成稳定没有必要和不知道如何购买的农户占 13.79%和 10.34%。只有很少一部分人是因为自己有不赔付的经历和听说过别人有不赔付的经历而不购买农业保险的。在这里，有很大一部分农户选择了其他原因，通过询问后梳理发现，主要可以分为以下几个原因：种地主要是

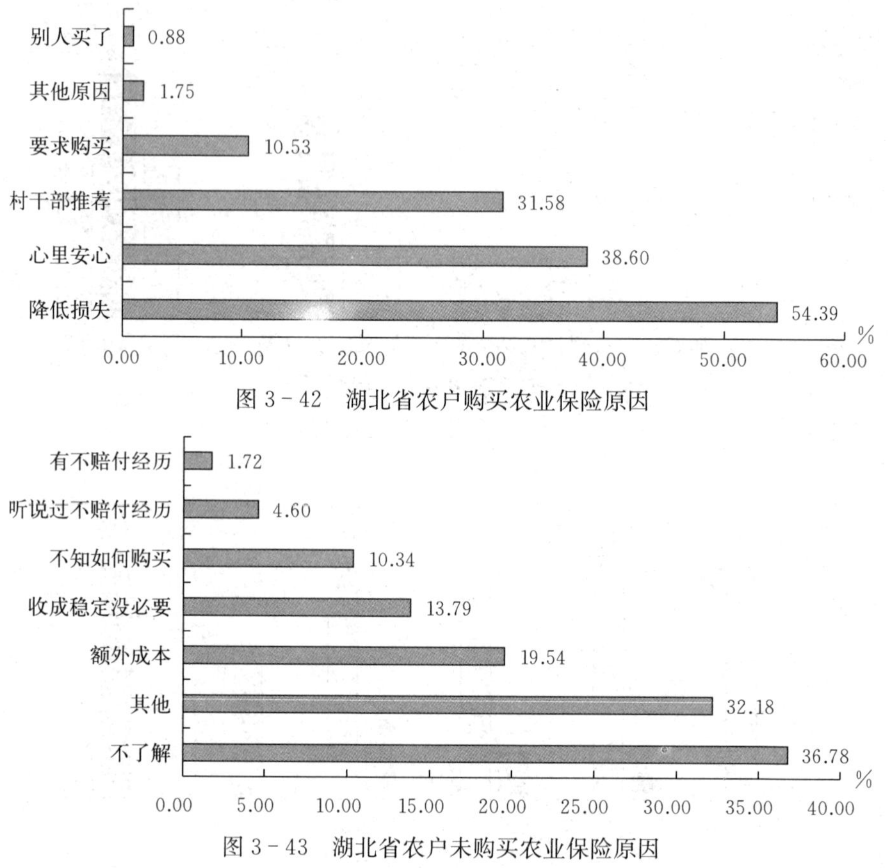

图 3-42　湖北省农户购买农业保险原因

图 3-43　湖北省农户未购买农业保险原因

用来自己吃的，觉得没有必要；对于保险公司不信任；种植面积太小，觉得不需要购买；没有多余的钱去购买农业保险。

如图 3-44 所示，在与村委会的距离这一选项中，湖北省与河南省的情况和整体样本相反，购买组距离村委会的距离要大于全省平均值和未购买组的。但是去村委会参加活动、了解信息次数和参加技术培训的次数是和河南省的情况一致，购买组的数值明显大于未购买组，说明购买农业保险的农户倾向了解更多的信息和参加更多的技术培训。购买组的身边亲友购买人数也是明显大于未购买组的，大约是未购买组的 30 倍。

3. 湖南省农业保险购买情况分析

湖南省的农业保险购买分布较为均匀，在受访农户中，安仁县、华容县和浏阳市分别有 29、23 和 24 位农户购买过农业保险，占被访问农户的比例接近 50%。耒阳市、隆回县和新晃县则分别只有 11、10 和 15 个农户购买过农业保险，购买过的农户所占比例较少（图 3-45）。说明湖南省的农业保险政策覆

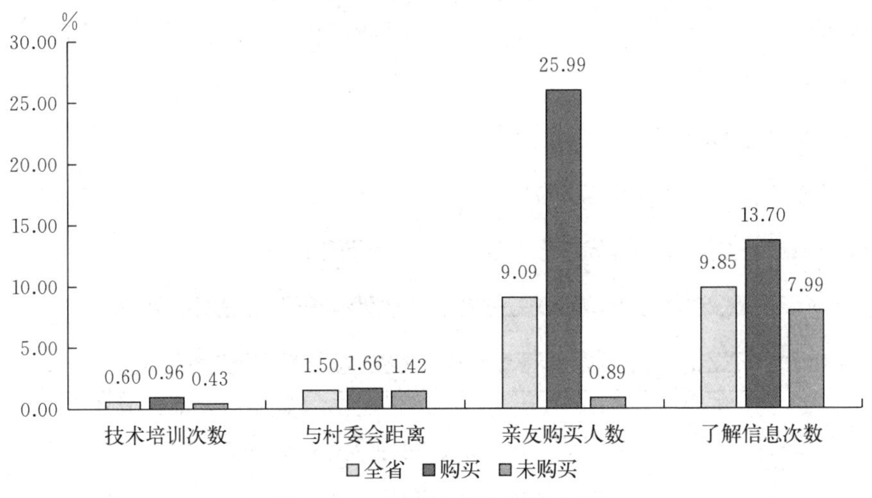

图 3-44　湖北省其他指标分析

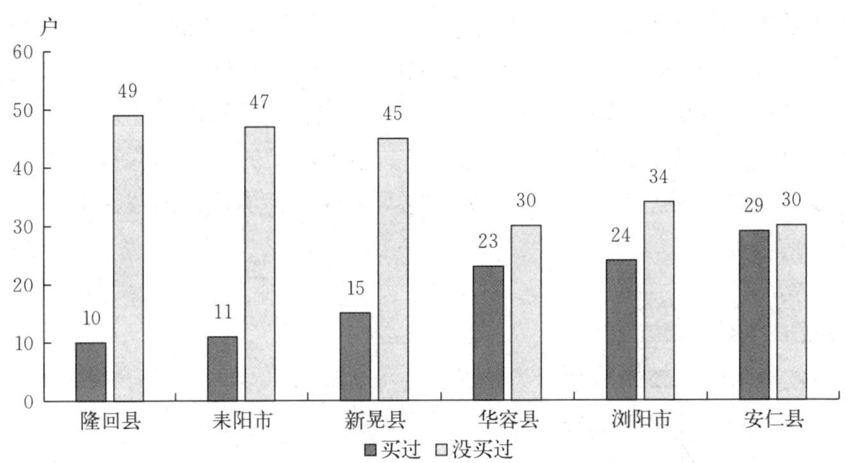

图 3-45　湖南省各县（市）购买农业保险情况分析

盖地区范围还是比较大的，只是部分地区农户的购买意愿不是特别强烈。

由图 3-46 可以看出，在受访问的农户中，购买农业保险的主要原因是为了降低损失和购买后心里觉得安心，分别有大约 40%的农户选择这两个选项。接下来是村干部推荐，有 26.79%的农户是由于村干部推荐而选择购买。说明村干部推荐仍然是一个比较主要的原因。而被要求购买和由于别人买了所以自己也买的农户分别都占不到 10%，占据的比例比较小。只有小部分人选择了其他原因，分析发现主要包括以下几个方面：种植面积小觉得没有必要，没有多余的钱购买农业保险，对于农业保险不信任和觉得受灾后赔付的钱比较少。

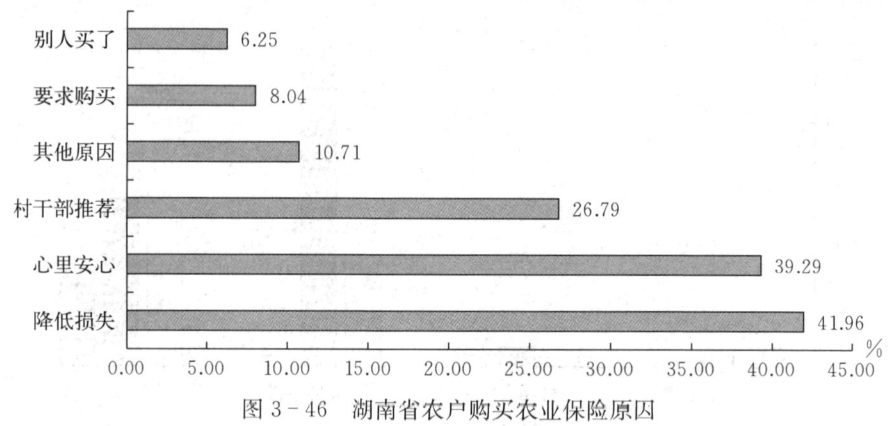

图 3－46　湖南省农户购买农业保险原因

根据条形图 3－47 显示，农户不购买农业保险最主要的原因是自己对农业保险不了解，选择该选项的农户有 45.40%。接下来是觉得收成稳定没有必要购买和认为农业保险费用是额外支出，分别有大约 18%的农户选择这两个原因。有不到 1/10 的农户是因为不知道如何购买所以放弃购买。而自己有过受灾后不赔偿的经历或者听说过别人有受灾后不赔偿的经历的农户依然只占据很小的比例。这里有 16.56%的农户选择了其他不购买的原因，总的来说可以概括为以下几点原因：种植面积小；没有必要购买；没有多余的钱购买；对农业保险不信任。

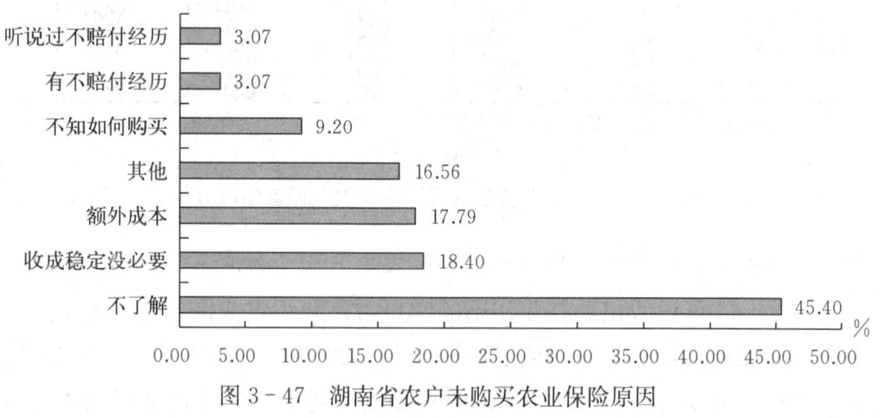

图 3－47　湖南省农户未购买农业保险原因

湖南省的数据分析情况与此次调研的总体样本相一致，如图 3－48 所示，购买组、全省和未购买组到村委会的距离相差较小，说明位置分布的空间差异对于农户购买农业保险没有明显的影响。而购买组去村委会参加活动、了解信息的次数均明显高于未购买组，大约是未购买组的两倍。同时购买组的身边亲友购买人数也是明显高于未购买组，大于是未购买组的 24 倍。

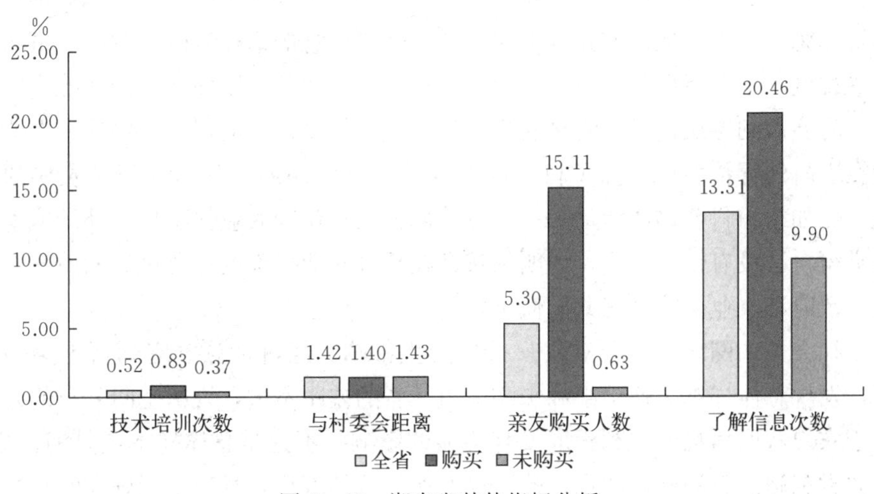

图 3－48　湖南省其他指标分析

（三）结论与建议

根据抽样数据总体分析来看，三个省份的农业保险购买情况差异不大，河南省的投保情况略好于湖北省和湖南省，但是省内地区差异较大。从省内部抽取的县（市）和村来看，各县及各县抽取的村购买情况差异还是非常明显的。有的县基本上全部购买了农业保险，而有的县则几乎没有购买。各个县抽取的村情况也是如此，有的村基本上全部购买，而有的村则全部没有购买。说明村与村之间，各县市间差异还是非常大的，农业保险的覆盖范围非常不均匀，地区间农户的购买意愿差异较大。但是总体来看，三个省份农业保险的购买率都比较低，明显低于发达国家水平，说明农业保险发展还有很大的提升空间。

通过分析总体样本和三个省份的购买原因，发现农户购买农业保险的主要目的是抵御风险，另外村干部推荐也起到了重要作用。购买原因排在前两位的分别是购买后心里安心和可以降低损失，这与农业保险的基本目的相符合。在不同省份的样本数据中，购买原因排名前几的选项中均有村干部推荐，说明在农村，村干部在村民眼中还是比较有威望和地位的，一部分村民还是非常信任村干部。因此，在今后的农业保险推广过程中，村干部可以起到比较重要的作用，而很少有人是因为别人买了或者被要求购才买的农业保险。另外，选择其他原因的农户基本上都是村里或者合作社已经统一购买了，说明部分村和地区已经基本实现了集体或者政府统一购买。

农户不购买农业保险的最主要原因是对于农业保险不了解和不信任。当前农村中从事农业种植的多为老年人，由于长期从事农业生产，已经对耕种情况非常熟悉，再加上他们文化程度比较低、获取信息的途径有限、对新鲜事物的接受程度不高，所以他们对于农业保险存在认知偏差。因此，我们在推广农业保险时要做到层层递进，直至农户，尽量减少信息传递的损失。要扩大农业保险在农村的宣传力度，除了村干部的推荐之外，要加强基本知识在农村的普及，比如组织科普讲座活动等。还有一部分农户认为农业保险是额外的成本或者觉得自己没有钱去购买，说明依然存在部分农业保险的保费过高的情况，这需要政府和农业保险公司共同做出努力。

社会关系网络可能会对农户投保产生影响。经过计算家庭到村委会的距离，发现总体样本、购买组和未购买组三者的差距不大，说明空间分布的差异对于农户获取信息的便利程度没有明显的影响。不论是总体样本还是河南省、湖北省和湖南省的样本数据，购买过农业保险的农户，身边亲朋好友购买过农业保险的人数均显著高于未购买过农业保险的农户，说明农村社群关系或者社会关系网络对于农户购买保险的意愿有明显的正相关作用，是否真的有影响仍需进一步验证，但是至少从直观的数据来看这两者是存在明显的相关关系的。但是农户在选择购买的原因时，选择亲友购买这一选项所占的比例却比较小，可能是由于农户并没有意识到自己被影响，或者在面对访谈时不愿意承认自己的从众心理，或者他们认为这不是自己购买农业保险的主要原因。

获取更多的信息和种植技术知识与农户投保率有明显的正相关关系。通过对比总体样本和三个省份的购买组和未购买组数据发现，购买过农业保险的农户和去村委会了解信息、参加活动的次数和获得技术培训的次数均显著高于未购买组。说明当农户了解更多的信息，与更多的人沟通之后，对农业保险的认知就会改变，购买农业保险的可能性也就更大；而农户获得技术培训的次数越多，购买农业保险的可能性越大，可能是由于在获得技术培训后农户会改变现有的种植行为和种植方式，因此需要购买农业保险来抵御风险，或者是由于参加技术培训的同时也可以了解到关于农业保险的知识，从而转变了对于农业保险的态度和看法，因此会增加购买农业保险的可能性。

设计更加简洁的农业保险合约，完善购买和赔付机制，有利于农业保险的推广。分析发现有一部分农户不购买农业保险的原因是由于自己的耕地面积小，觉得没有购买的必要，这是中国农业生产中非常普遍的现象，也是我国农业发展中面临的较大问题。由于耕地面积小，保险公司对于农业保险的保费制定和后续的受灾赔付也是一个很大的问题。保险公司可以根据中国农村当前现状尝试设计更加符合中国农村特色的保险契约，如以村小组为单位作为购买对象，通过扩大农户数量来实现自己的规模化收益。目前政府也在加快土地流转，土地流转可以帮助农户实现规模化种植，而实行规模化种植的农户必然会为了抵御风险而购买农业保险。因此农业保险政策的实施，不仅需要自身的不断完善，也需要其他的政策来共同发展推动。除此之外，还有很少一部分农户是由于有过不赔付的经历和听说过别人有不赔付的经历而选择不购买农业保险，这其中也有可能是农户的受灾面积较小没有达到补偿的水平导致的。希望保险公司能够设计更加简易、标准明确的保险合约，能够让农户更好地理解，同时简化后续的赔偿流程。

第四部分　生活状况

一、互联网使用与电商参与*

互联网是农村信息化建设的重要组成部分，其拥有的海量信息能够给农户带来比传统电视等媒体更及时、更广泛的信息获取体验。随着智能手机的普遍使用，农民上网的比率大幅提高，互联网在消除城乡之间的数字鸿沟中发挥着越来越重要的作用。并且，农业现代化的步伐越来越快，互联网可以给农民带来更先进的农业技术知识，各大网购平台为农户购买日常用品以及农业生产相关的物品提供了便捷渠道，农村电商降低了采购成本，拓展了农产品销售渠道，增加了农村就业，电商扶贫为精准扶贫战略做出重要贡献。所以，了解农户的互联网使用情况，包括网购和电商参与情况，有针对性地提出相关政策建议将非常有意义。

（一）互联网使用基本情况

在三省关于互联网使用情况的调研中，被调研农户中使用互联网宽带、WIFI 以及移动互联网 3 种方式之一上网的农户数量，也就是被调研农户本人使用移动互联网或者其亲属使用家中接入的宽带/WIFI 上网的总人数为 799 人，占比 73.98%。河南省、湖北省、湖南省被调研农户使用互联网的人数占本省被调研农户数的比例分别是 72.78%、74.44%、74.72%。针对使用互联网的农户进一步主要考察上网方式、最早上网年份、互联网使用费、上网行为及时间分配等方面。

1. 上网方式选择

如图 4－1 所示，使用互联网的 799 个农户样本中，同时使用互联网宽带、WIFI 互联网、移动互联网 3 种方式上网的农户人数最多，占 46.31%；只使用移动互联网上网的人数占比 17.90%；只使用互联网宽带上网的人数最少，占比 3.75%。

---

* 本部分执笔人：熊航，参与人：李晓慧。

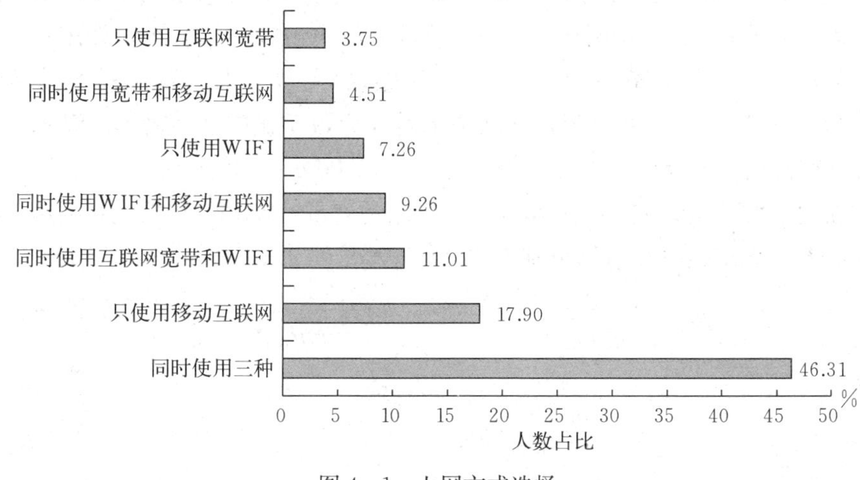

图 4-1　上网方式选择

省份之间比较如图 4-2 所示，河南省宽带和 WIFI 使用量较其他两省多；湖南省和湖北省的被调研农户在选择上网方式时，选择移动互联网的人数最多。并且，由图中数据也可得出，移动互联网是 3 种上网方式中被选用总人数最多的。

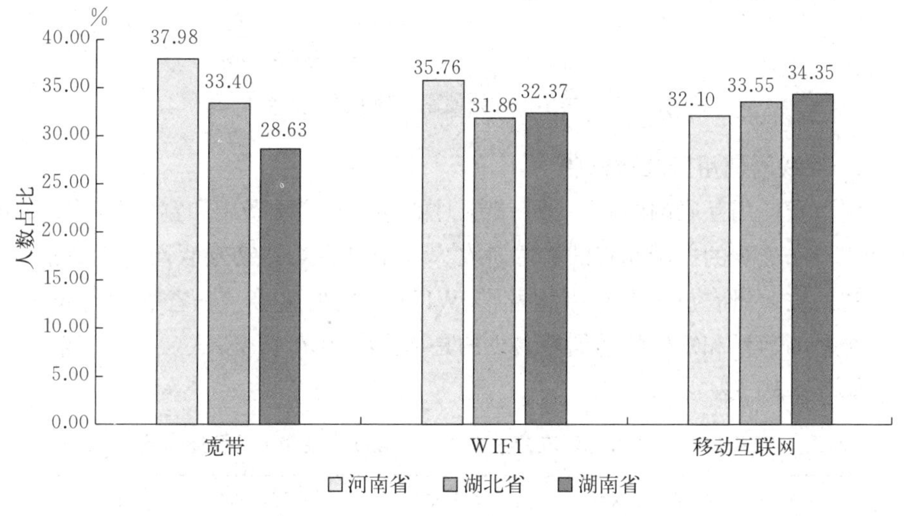

图 4-2　三省调研农户上网方式选择

2. 最早开始上网年份

调研组在调研时记录了被调研农户最早接入互联网宽带年份、最早接入 WIFI 年份以及最早使用移动互联网年份，剔除有误样本后，图 4-3 统计了不同年份开始上网的农户数量。可以看出，每年通过 3 种方式上网的农户数大致上是逐年上升的，第一个明显增长的年份是 2009 年。2009 年以前，使用互联网的人数较少，使用宽带、WIFI、移动互联网的人数分别占调研样本总量的 1.85%、0.83%、1.94%。2009 年新增上网农户数明显增多，宽带、WIFI、移动互联网使用人数增长率分别为 185.71%、175.00%、133.33%。此后，每年互联网新用户数不断增加，直到 2018 年，新增的宽带、WIFI、移动互联网用户数为 106 人、132 人、127 人，分别占调研总样本量的 9.81%、12.22%、11.76%。

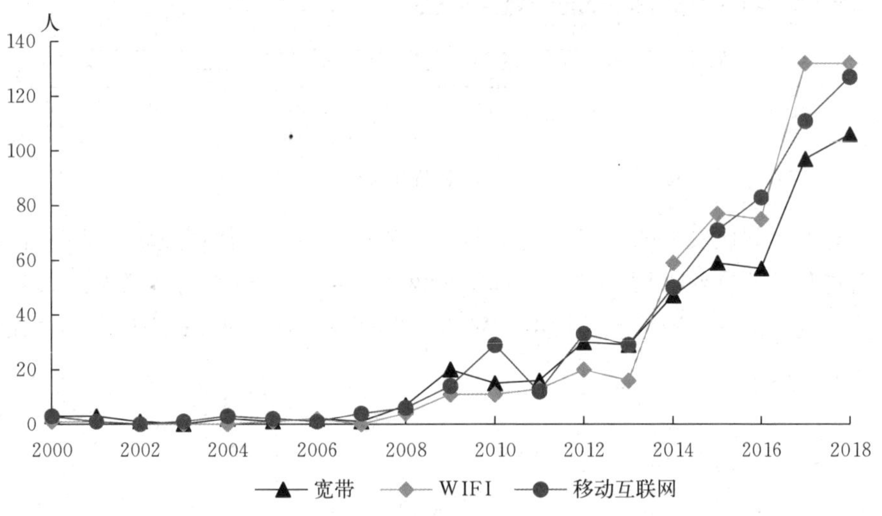

图 4-3　不同年份开始使用 3 种方式上网农户数

3. 互联网使用费及通信费

河南省使用互联网的农户过去 3 个月的移动互联网费用和宽带/WIFI 费用都是三省中最少的。湖北省的被调研农户 3 个月平均移动互联网使用费最多，湖南省的被调研农户 3 个月平均宽带/WIFI 使用费最多。三省被调研农户过去 3 个月的通话和短信的通信费最少的是河南省 107.46 元/人，湖南省最多为 153.55 元/人（表 4-1）。

表 4-1　三省被调研农户过去 3 个月互联网使用费用及通信费

调研省	过去 3 个月的移动互联网流量费均值（元/人）	过去 3 个月的宽带/WIFI 使用费均值（元/户）	过去 3 个月用于通话和短信的通信费均值（元/人）
河南省	89.07	148.18	107.46
湖北省	131.84	213.79	137.73
湖南省	127.89	230.99	153.55

4. 上网行为及时间分配

在调查农户的上网行为时，使用过互联网的农户中有效样本数为 621 人。如图 4-4 所示，社交、浏览新闻和娱乐是大多数农户会产生的上网行为，占比分别为 89.37%、81.48%、68.28%；而购买或销售农产品/服务的人数只占 9.02%。在农户上网时间的分配比例上，上网浏览新闻、社交以及娱乐 3 种行为占用了多数人的多数时间，超多 90%的农户投入到购买或销售农产品/服务、购买或销售非农产品/服务、查阅农产品/服务生产购销售相关信息、查阅农产品/服务生产购销售相关信息及其他行为的时间不超过个人上网总时间的 25%。

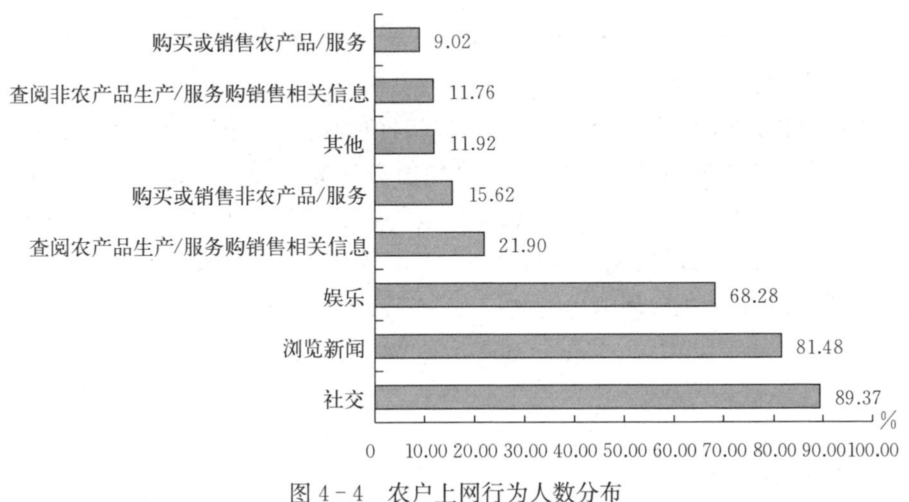

图 4-4　农户上网行为人数分布

（二）网购情况

在样本中有过网购经历的人数为 187 人，占样本总量的 17.31%，占有上网经历的样本量的 23.40%。有网购经历的农户在 3 个调研省分布较均匀，其中，有 31.02%来自河南省，30.48%来自湖北省，38.50%来自湖南省。针对有过网购经历的样本，调研组进行了网购频率、网购理由、网购商品种类和消费金额以及网购支付方式的调查。

1. 网购频率

在进行网购频率的调查时，通过记录的被调查者最近 3 个月是否有网购经历以及每月网购次数来计算平均每月网购频率。在 187 个有网购经历的样本中，剔除有误和无效样本获得有效样本 181 个，网购频率如表 4-2 所示。32.60%的人平均每月网购不足 1 次，40.33%的人平均每月网购 1 次到 3 次。

总体看来，样本中农户每月网购的频率不高。

表 4－2 平均每月网购频率表

平均每月网购频率	人数（人）	占比（%）
1 次以下	59	32.60
1～3 次	73	40.33
3～5 次	26	14.36
5～7 次	8	4.42
7 次及以上	15	8.29
合计	181	100.00

2. 网购可信度及理由

有过网购经历的 187 个样本中，在询问被调研者对于网购可信度的看法时，三省份农户对网购可信度的评价均值分别是河南省 72.05%、湖北省 68.16%、湖南省 73.82%。除网购可信度外，还对网购具体理由进行统计，如图 4－5 所示。可以发现，节约时间、产品种类丰富、低质低价是农户选择从网上购物的 3 大主要理由。

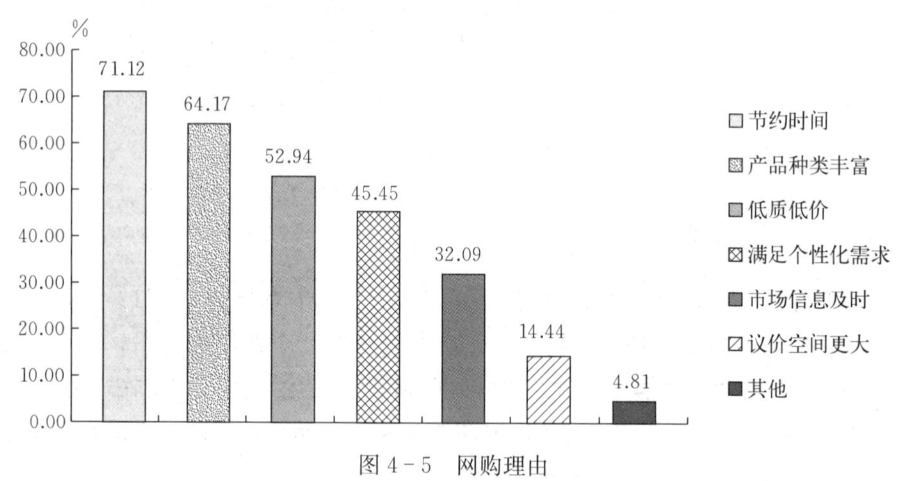

图 4－5 网购理由

3. 网购商品种类及消费金额

网购种类及消费金额的统计如表 4－3 所示，衣袜鞋帽饰品、日用品是消费比例最高并且消费金额最大的两类商品，而与农业生产有关的农机农膜、农药、饲料、兽药禽药、种子等占比不高，并且，在这 187 个样本中，没有人在网上购买过化肥。

表 4-3　网购商品种类及平均消费金额

网购商品种类	人数（人）	占比（%）	平均每人每年消费金额（元）
家电家具	36	19.25	462.12
交通出行	13	6.95	150.28
教育文化用品	40	21.39	124.90
农机农膜	8	4.28	85.30
农药	9	4.81	68.66
日用品	121	64.71	776.19
食品	69	36.90	502.70
饲料、兽药禽药	4	2.14	6.12
衣袜鞋帽饰品	135	72.19	1 235.46
医疗用品	13	6.95	36.66
种子	10	5.35	35.72
其他	16	8.56	167.76

4. 网购支付方式

表 4-4 展示了农户网购时支付方式的选择，能够看出不同省份之间在支付方式上没有太大差异，微信支付和支付宝支付是主要支付方式，187 个样本中使用微信支付的人数比例为 83.42%，使用支付宝支付的比例为 52.41%。由于每个人在网购时会使用不止一种的支付方式，所以人数占比总数大于 100%。

表 4-4　网购支付方式统计表

	河南省（人）	湖北省（人）	湖南省（人）	人数合计（人）	人数占比（%）
现金支付	8	15	21	44	23.53
刷卡支付	2	5	4	11	5.88
网上银行支付	9	7	10	26	13.90
支付宝支付	33	38	27	98	52.41
微信支付	50	47	59	156	83.42
其他	0	0	1	1	0.53

（三）电商参与

在三省份的 1 080 个样本中，有 10 个受调查者有过网上销售商品即电商经历，占比不足 1%，分别是河南省 3 人，湖北省 5 人、湖南省 2 人。从事电商的理由主要是市场需求大、原始资本投入低以及劳动力需求小等。网上销售商品的种类主要是蜂蜜、水果蔬菜等有当地特色的农产品。

（四）结论与建议

综合上述分析，可以得出：一是三省农户互联网使用率较高，达73.98%，但使用成本较高。二是上网方式的选择上，移动互联网使用率较互联网宽带、WIFI 使用率都高，可以看出便捷、不受空间约束的移动互联网更受农户青睐，这也与智能手机的普遍使用有关。三是农户互联网使用行为集中于社交、新闻和娱乐。四是农村网购普及率较低，网购商品种类主要是服饰、日用品和食品，与农业生产相关的农药、农机具等商品占比较少。五是农村电商的发展有很大的地区不平衡性，在全国推动电商扶贫的大背景下，调研样本中从事电商的比例非常低，电商并没有给他们的生活带来积极有效的影响。因此，首先，应进一步完善农村地区互联网基础设施建设，加大互联网提速降费的改革力度，让广大农户可以低成本高效率地使用互联网。还应加大对农户互联网使用行为的引导，开展相关智能手机在农业生产中的应用培训，让农户学会通过互联网获取有利于农业生产的最新信息，形成“互联网＋农业”良好模式。其次，应完善网购基础保障设施建设，如农村快递点的建设、增大对农村物流的支持等，让农户网购时真正享受到省时省力的服务。最后，应加大对农村电商发展的扶持，完善农村电商服务体系，鼓励小农户通过网络销售农产品、手工艺品等有特色的商品，从而增加农民收入，进而带动就业。

二、能源消费*

改革开放以来，伴随着经济的不断发展，我国农村清洁能源的需求不断加大，能源消费结构现在正面临着重大转型。优化能源消费结构不仅可以节约不可再生能源、改善空气质量，达到碳减排的目的，还能够有效降低农村居民因污染气体和有毒气体而患病的概率。在此背景下，我们针对 3 个调研省的农户样本，展开农户能源消费情况的调研，以下为调研结果的统计分析。

（一）农户能源消费结构现状

从表 4－5 可以看出，我国农村能源使用结构呈现出传统固体能源与现代清洁能源共存的局面，现在分别有 23.15%以及 54.35%的农户在使用像蜂窝煤/煤球和薪柴等传统固体能源，同时也分别有 75.09%、66.02%和 99.26%

* 本部分执笔人：何可，参与人：王瑜洁、叶丽红。

的农户正在使用瓶装液化气、汽油、电力等现代清洁能源。从能源使用的普及程度上来看，电能的普及程度最高，基本上所有的农户都会使用电能，占99.26%，同时也可以看到化石能源以及固体能源使用的比例也不低，都达到了50%以上。但是农户对于一些清洁能源使用的比例较低，只有5.19%的农户在使用管道天然气。此外，农作物秸秆以及畜禽粪便能源化的比例也较低，仅占5.83%和3.80%。

表4-5　华中三省农户能源使用结构

类型	总计		河南省		湖北省		湖南省	
	使用户数（户）	使用户的比率（%）	使用户数（户）	使用户的比率（%）	使用户数（户）	使用户的比率（%）	使用户数（户）	使用户的比率（%）
蜂窝煤/煤球	249	23.15	143	12.50	62	17.22	45	38.89
煤块	22	2.04	5	1.67	11	3.06	6	1.39
畜禽粪便	41	3.80	13	1.11	24	6.67	4	3.61
农作物秸秆	63	5.83	14	6.67	25	6.94	24	3.89
薪柴	584	54.35	231	30.00	248	68.89	108	64.17
瓶装液化气	811	75.09	282	77.22	251	69.72	278	78.33
汽油	713	66.02	257	61.11	236	65.56	220	71.39
柴油	290	26.76	73	25.83	123	34.17	93	20.28
管道天然气	56	5.19	3	13.33	5	1.39	48	0.83
管道煤气	6	0.56	1	0.28	4	1.11	1	0.28
电力	1 072	99.26	360	100.00	354	98.33	358	99.44
其他能源	13	1.20	8	2.22	4	1.11	2	0.56

除了具体能源消费的不同外，能源使用结构的地域差距也比较明显，南方地区传统固体能源的使用率更高，而北方现代清洁能源的使用率更高。从图4-6可以明显地看出，湖北省蜂窝煤/煤球的使用率最高，达到了38.89%，而湖南省只有17.22%，河南省仅12.5%。湖北省和湖南省薪柴的使用率也大大高于河南省，都达到了60%以上，但河南省只有30%。从现代清洁能源的使用方面来看，河南省管道天然气的使用率达到了13.33%，领先于湖北省和湖南省的0.83%和1.39%，瓶装液化气的使用率也达到了77.22%，要高于湖南省的69.72%，略低于湖北省的78.33%。北方传统固体能源使用率低于南方，但现代清洁能源使用率高于南方的一个可能原因是北方相较于南方地形更为平坦，交通条件更为完善，因此现代清洁能源运输的成本更低，从而清洁

能源的价格也更低，所以农户更倾向于使用现代清洁能源。此外，南方多丘陵山地，像薪柴、煤炭这种传统的固体能源的储量较多，同时与供应点的距离可能较近，获取传统固体能源的成本较低，因而会提高传统的固体能源的消费。

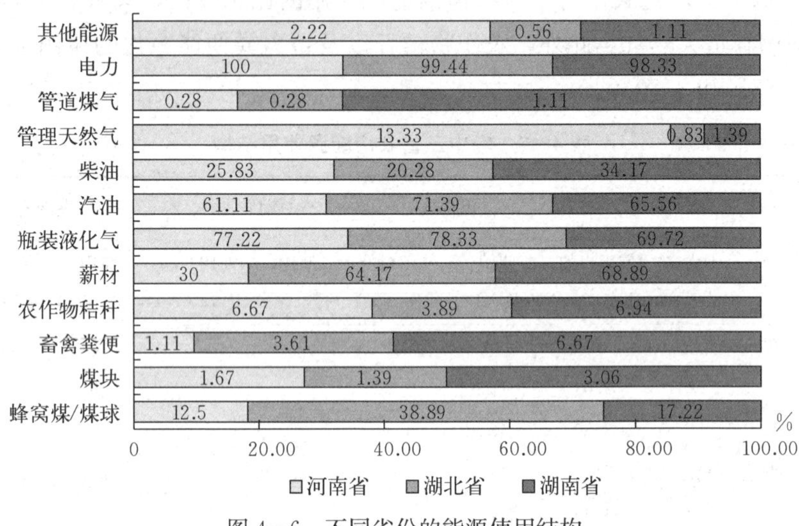

图 4-6　不同省份的能源使用结构

（二）结论与建议

从调查分析的结果来看，农户虽然已开始采用现代清洁能源，但传统固体能源使用率依旧比较高。固体燃料的不充分燃烧会释放出大量的悬浮颗粒物、温室气体以及污染气体，这些传统的固体能源在烹饪、取暖中的使用，会对农户的身体健康造成很大的危害，从而造成农户的工作能力下降，进而影响农户收入。在全面建成小康社会的决胜阶段、乡村振兴以及健康中国战略的背景下，如何进一步改善农村能源使用结构，增加农户对较为清洁能源的使用，也是我国全面建成小康社会、实现乡村振兴以及健康中国战略的关键。

三、废弃物处理*

进入 21 世纪以来，我国农业农村生态环境恶化带来的问题愈发凸显，业已成为制约国内农业经济可持续发展和农民生活质量提高的重要因素。当前，

* 本部分执笔人：何可，参与人：李凡略、杨薇、王安邦。

我国中央政府环保监督管理持续保持高压态势，对农业农村生态环境的保护力度也不断加大，并取得了诸多显著的成效。但我国农业农村生态环境恶化问题由来已久、根深蒂固，转变农村居民的思想与环境价值观更非一日之功，农业农村生态环境问题依然严峻。农业农村生态环境的改善不仅关系到国内粮食安全的保障和农业的可持续发展，而且直接关系到我国生态文明建设目标的实现。在此背景下，积极引导农村地区废弃物处理方法科学化，做好农村地区生活污水、生活垃圾处理工作，合理推进作物秸秆等农业废弃物资源化处理，鼓励向农民提供废弃农膜回收和集中处置服务以及有计划提升农村居民对于生态环境保护措施的认知等政策方针的制定、实施与推进尤为重要。

（一）农村地区生活污水、生活垃圾处置方式

农户生活污水处置方式调查结果如图 4－7 所示，①从总体情况来看，样本农户生活污水处置方式多样，其中农户将生活污水倾倒污水池占比较高，达 24.81%，同时，农户将生活污水倾倒到庭院地上和倾倒田地上的占比相当，分别占 12.22%和 11.76%，而农户生活污水的其他处置方式还包括倾倒到厕所、沼气池、排水沟等，采取这些处置方式的农户所占比例为 33.43%。②就不同省份而言，各省农户生活污水处置方式差异不大。三省农村生活污水处置方式中生活污水倾倒污水池占比均较高，湖北省、湖南省以及河南省占比分别为 30.28%、23.89%和 20.28%。

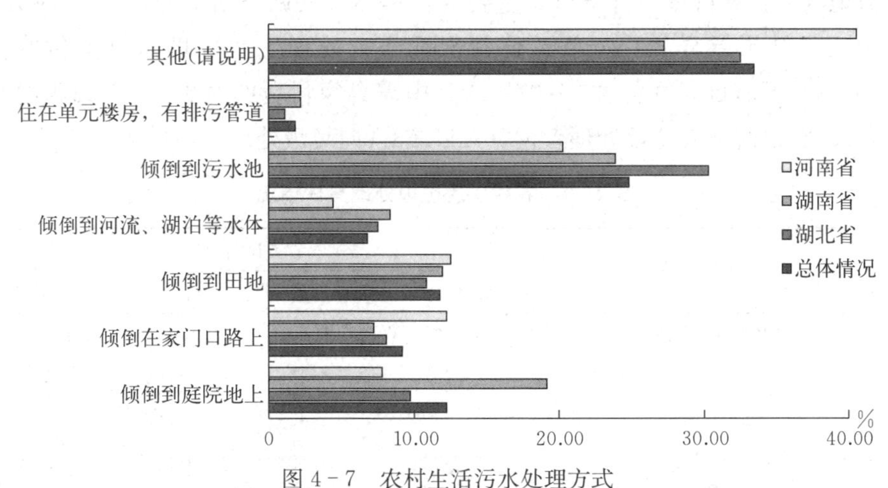

图 4－7　农村生活污水处理方式

关于农村生活垃圾分类处理结果报告如表 4－6 所示：农村地区生活垃圾整体上未进行垃圾分类处理，总体占比 84.07%，湖北省、湖南省以及河南省

农村生活垃圾未分类占比分别为85.83%、83.89%和80.28%，三省农村生活垃圾分类处理仅占15%左右。

表 4-6　农村生活垃圾分类处理情况

省份	样本农户（户）	分类占比（%）	未分类占比（%）
总体情况	1 080	15.93	84.07
湖北省	360	13.33	85.83
湖南省	360	15.56	83.89
河南省	360	18.61	80.28

未分类的农村生活垃圾仍旧处于被扔掉的状态，用于出售、用作饲料和用作燃料的处理方式尚未开发。调查数据（表 4-7）显示，①在总样本中，有73.66%的农户主要将未分类的农村生活垃圾扔掉，19.59%的农户会等有人上门回收，5.22%的农户会将生活垃圾焚烧，生活垃圾用于出售、作为饲料和燃料的农户均为0。②随着农村生活垃圾治理力度的不断加大，配套设施逐步完善，各省农户均选择将未分类的生活垃圾扔进垃圾箱，占比约为84%。③农村生活垃圾随意乱扔的现象得到了较大改善，农户将未分类生活垃圾扔在路边、水边以及水里等地所占比例低于5%。

此外，调查研究发现，农村大部分生活垃圾处理不需要自家付费，仅有极少数地区需自家付费，付费对象主要为村集体。其调查结果如表 4-7 所示，华中三省结果差异较小，就总体情况而言，处理生活垃圾需自家付费占15.93%，不需自家付费占84.07%，其中需自家付费的对象72.67%为村集体，12.21%向私人垃圾处理者付费，11.63%向垃圾处理公司付费。

表 4-7　农村生活垃圾处理具体情况

问题	华中三省占比情况（%）			
	总体情况	湖北省	湖南省	河南省
未分类生活垃圾处理方式	100.00	100.00	100.00	100.00
焚烧	5.22	4.15	6.09	5.51
扔掉	73.66	72.45	77.06	71.19
有人上门收	19.59	21.89	15.05	22.03
其他（请说明）	1.53	1.51	1.79	1.27
生活垃圾如果扔掉，扔在哪里？	100.00	100.00	100.00	100.00
垃圾房	2.25	1.56	1.86	3.57

（续）

问题	华中三省占比情况（%）			
	总体情况	湖北省	湖南省	河南省
垃圾箱	84.80	83.33	84.65	86.31
垃圾堆	12.09	1.56	13.02	10.71
路边	1.38	1.56	1.40	1.19
水边	0.35	0.52	0.47	0.00
水里	0.86	1.04	0.47	1.19
其他（请说明）	1.55	1.56	2.33	0.60
处理生活垃圾是否需要自家付费？	100.00	100.00	100.00	100.00
是	15.93	13.33	15.56	18.61
否	84.07	85.83	83.89	80.28
如果需要，向谁付费?	100.00	100.00	100.00	100.00
垃圾处理公司	11.63	1.25	1.25	10.45
村集体	72.67	77.08	67.86	73.13
私人垃圾处理者	12.21	10.42	16.07	10.45
物业公司	0.58	0.00	0.00	1.49
其他（请说明）	2.91	0.00	3.57	4.48

通过对农村地区生活污水和生活垃圾处置情况进行定量分析可知，农村地区农户家庭经济水平差异，引起的生活污水处理方式多样化。调查数据显示：24.81%的农户将生活污水倾倒污水池，同时，12.22%的农户将生活污水倾倒到庭院地上和11.76%的农户将生活污水倾倒在田地上。此外，农户将生活污水倾倒到厕所、沼气池、排水沟等所占比例为33.43%。因此，政府在整村推进农村环境治理过程中，应加强农村生活污水处理设施的全面供应，才能有效减少生活污水对环境的污染。另外，随着农村地区生活垃圾治理配套设施的不断完善，农村垃圾随意乱扔的现象得到了较大改善，但垃圾集中分类处理，以及垃圾资源化利用所占比例依然很低。所以，建议政府应不断加强农户生活垃圾分类收集的环保意识，从而使生活垃圾在源头得到分类收集，既能使可回收垃圾得到循环利用，又可以减少对农村环境的污染。

（二）农作物秸秆处置

农户秸秆处置方式调查结果如表4-8所示，从总体上来看，农作物秸秆处置的最主要方式为肥料化使用，占比高达82.25%，弃置和饲料化的比重次之，但与肥料化的差距较大，分别为 6.54%和 6.02%，基质化的占比最小为 0.26%。总体上呈现出农作物秸秆处置方式单一，且商品化程度较低的情况。

表 4-8 秸秆处置方式

农作物秸秆处置方式	肥料化（%）	饲料化（%）	能源化（%）	基质化（%）	出售（%）	弃置（%）
谷子	100.00	0.00	0.00	0.00	0.00	0.00
小麦	95.12	1.41	0.99	0.00	0.00	2.47
稻类	84.43	6.65	1.06	0.58	1.49	5.79
玉米	81.94	5.47	5.20	0.18	0.50	6.91
大豆	82.00	7.33	4.00	0.00	0.00	6.67
其他杂豆	75.00	0.00	25.00	0.00	0.00	0.00
薯类	66.86	27.43	0.86	0.00	0.86	4.00
油菜	87.22	0.28	2.78	0.00	0.00	11.11
芝麻	38.89	0.00	38.89	0.00	0.00	22.22
坚果	80.00	0.00	20.00	0.00	0.00	0.00
花生	32.53	22.29	15.06	0.00	15.66	16.87
烤烟	98.00	0.00	2.00	0.00	0.00	0.00
葵花	100.00	0.00	0.00	0.00	0.00	0.00
棉花	66.67	0.00	16.67	0.00	0.00	16.67
水果类	54.55	0.00	9.09	0.00	0.00	36.36
其他大田、设施作物	0.00	0.00	0.00	0.00	0.00	100.00
其他中草药	0.00	0.00	0.00	0.00	75.00	25.00
蔬菜类	100.00	0.00	0.00	0.00	0.00	0.00
总平均值	82.25	6.02	3.53	0.26	1.64	6.54

具体来看，农作物秸秆肥料化主要通过以下几种途径来实现（图 4-8），分别为直接还田、粉碎还田、焚烧还田、堆沤还田、过腹还田和其他，且以直接还田为最主要的形式，总占比高达 77%。其次为焚烧还田、其他、堆沤还田和过腹还田，分别为 10%、7%、5%、1%。

调查数据显示，农作物秸秆的弃置比例达到 6.54%，为农作物秸秆除肥料化以外的最主要处置方式，这部分秸秆通常被丢弃在路边地头，不仅会造成农村环境的破坏，而且是一种农业废弃物资源的浪费。在国家推行秸秆打包离田的过程中，应该将弃置秸秆纳为重点对象，并对回收的弃置秸秆进行资源化利用，以解决瓜菜秸秆的环境污染问题和促进秸秆资源化利用为目标，推动弃

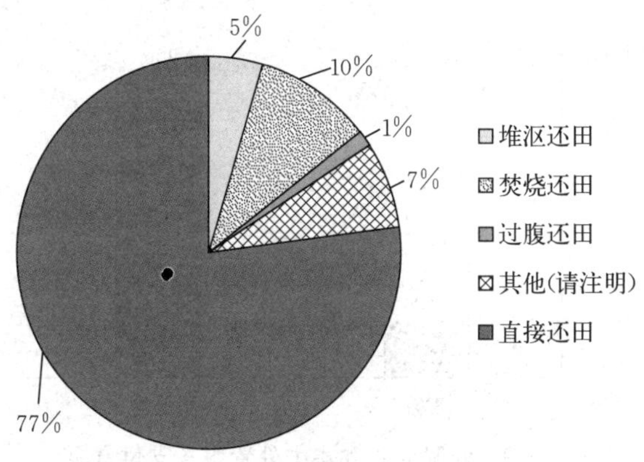

图 4－8　农作物秸秆肥料化方式

置秸秆实现肥料化、能源化、基质化、饲料化和商品化。此外，农作物秸秆的主要处置方式为肥料化，并且肥料化主要通过直接还田的形式得以实现。这种秸秆的利用方式比较单一，无法实现其附加值最大化。应当推动秸秆利用产业化和高值化，除保留较为长久的秸秆养畜和秸秆食用菌外，也应重视秸秆发电、秸秆成型燃料、秸秆沼气和生物天然气、秸秆热解气化、秸秆炭化、秸秆纤维素乙醇、秸秆板材和复合材料、秸秆清洁制浆、秸秆商品有机肥等新型秸秆产业门类。

（三）农膜回收、集中处置服务支付意愿和农膜使用

通过对受访农户对于农膜回收、集中处置服务的支付意愿进行统计分析（图 4－9），可以发现：总体而言，大多数农户对农膜回收、集中处置服务的支付意愿较低。其中 906 户的受访农户表示不愿意对农膜回收、集中处置服务进行付费，仅有 171 户的受访农户表示愿意对农膜回收、集中处置服务进行付费。

具体来看，受访农户不愿意进行农膜回收、集中处置服务付费的原因各有不同，具体原因如图 4－10 所示，其中：①选择其他原因的受访农户占大多数，491 人（占比为 54.20%）；②不愿意支付的原因排行第二位的是认为自己会回收处理，135 人（占比为 14.90%）；③不愿意支付的原因还有认为没有什么作用、没有太多的金钱支付、认为这是村委会的事与我无关、农膜回收不重要以及希望村委会采取其他模式，分别有 119 人，102 人，37 人，15 人，7 人分别占受访农户总数的 13.13%、11.26%、4.08%、1.66%、0.77%。

通过对受访农户对于农膜的使用情况进行统计分析，可以发现：①从整体

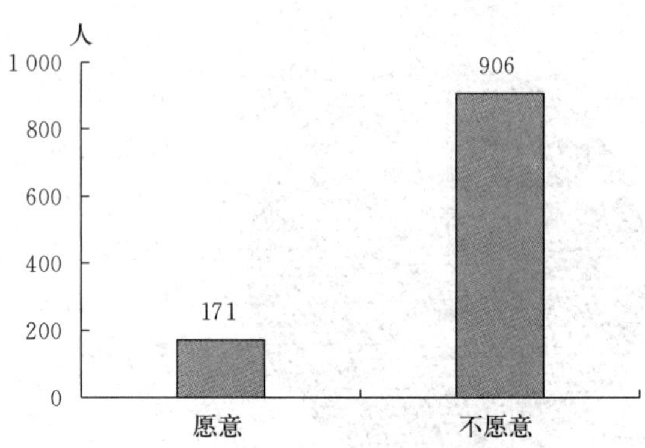

图 4-9　农膜回收和集中处置服务支付意愿

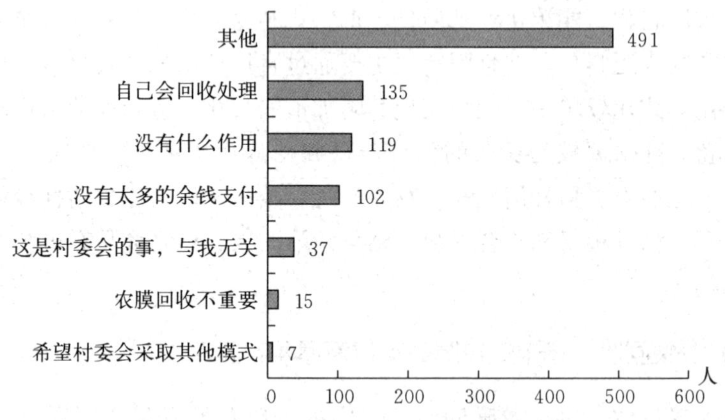

图 4-10　农户不愿意进行农膜回收、集中处置服务支付的原因

上来看（表 4-9），华中地区使用农膜的农户较少，占比为 24.49%，另有占受访农户总数 75.51%的农户当前没有使用农膜。②从农膜用于生产的作物种类来看（图 4-11），将农膜用作育苗的占大多数（占比为 56.33%），其次是用于其他和蔬菜（分别占比为 17.39%和 13.42%），另外还有用于花生、棉花和小麦（分别占比为 12.48%、0.19%和 0.19%）。③目前，使用普通农膜依然是普遍趋势（表 4-9）。在使用农膜的受访农户中，使用可降解农膜的农户较少（占比为 14.18%），另外大部分受访农户使用普通农膜（占比为 85.85%）。④从受访农户不使用可降解农膜的原因来看（图 4-12），大部分的受访农户表示不知道有可降解农膜（384 人），还有受访农户认为价格过高（28 人），有其他原因（26 人），少数受访农户认为与普通农膜无区别（9 人）或可降解农膜质量不好（7 人）。

表 4-9 农膜使用情况（单位：%）

<table>
<tr><td rowspan="2">农膜使用情况</td><td colspan="3">是否使用农膜（占比）</td></tr>
<tr><td colspan="2">是（24.49）</td><td>否</td></tr>
<tr><td></td><td>使用可降解农膜</td><td>不使用可降解农膜</td><td rowspan="2">75.51</td></tr>
<tr><td></td><td>14.18</td><td>85.85</td></tr>
</table>

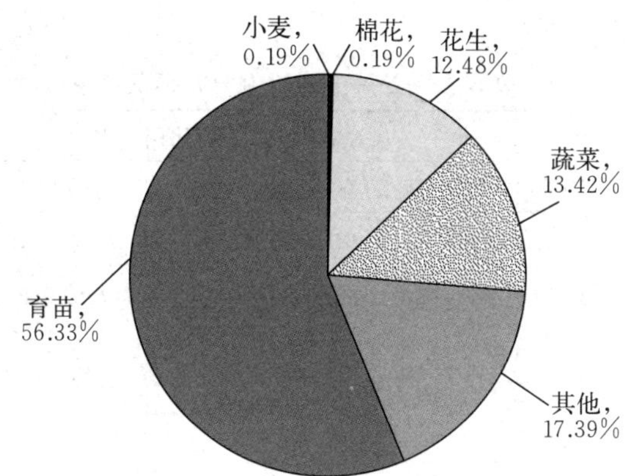

图 4-11 用作生产的作物种类分布情况

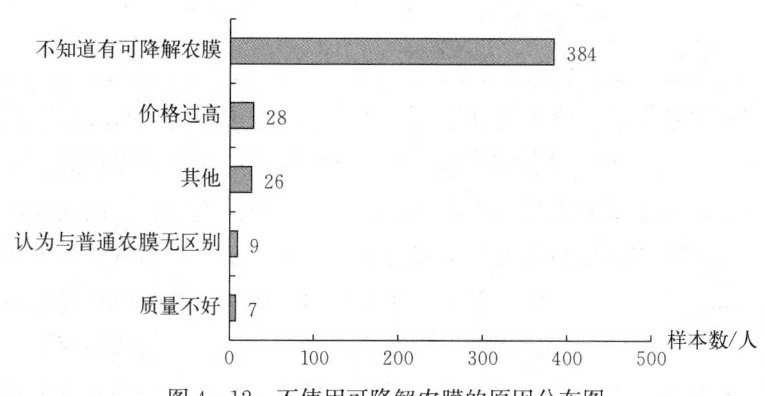

图 4-12 不使用可降解农膜的原因分布图

当前农户对废弃农膜处理方式的比例分布情况如表 4-10 所示，可以发现：①在选择 0%处理比例的占比中，统一填埋于固定地方这一处理方式占比最大（占比为 95.84%），其次为统一送去指定地方、其他、随意丢弃、焚烧以及卖给回收的人（分别占比为 88.47%、79.96%、79.40%、75.05%、74.10%）；②在选择 100%处理比例的占比中，卖给回收的人这一处理方式占比最大（占比为 24.76%），其次为焚烧、其他、随意丢弃、统一送去指定地方回收处理以及统一填埋于固定地方（分别占比 19.28%、18.90%、16.64%、10.21%、3.02%）；③废弃农膜处理方式平均比例中，选择卖给回收的人这一处理方式的平均比例最高（平均比例为 25.27%），其次为焚烧（平均比例为 21.97%），另外依次是其他、随意丢弃、统一送去指定地方回收处理以及统一填埋于固定地方（分别的平均比例为 19.38%、18.83%、10.91%、3.65%）。

表 4－10 废弃农膜处理方式比例分布情况（单位：%）

废弃农膜处理方式	废弃农膜处理方式比例占比													
	0	5.00	10.00	20.00	30.00	40.00	50.00	60.00	70.00	80.00	90.00	95.00	100.00	平均比例
焚烧	75.05	0.00	1.32	0.19	0.19	0.19	2.08	0.38	0.19	0.57	0.19	0.38	19.28	21.97
随意丢弃	79.40	0.00	0.00	0.95	0.00	0.38	0.95	0.19	0.38	0.19	0.95	0.00	16.64	18.83
统一填埋于固定地方	95.84	0.00	0.00	0.00	0.00	0.00	0.95	0.00	0.00	0.19	0.00	0.00	3.02	3.65
统一送去指定地方回收处理	88.47	0.38	0.00	0.19	0.00	0.00	0.00	0.00	0.00	0.38	0.38	0.00	10.21	10.91
卖给回收的人	74.10	0.00	0.00	0.00	0.57	0.00	0.38	0.00	0.00	0.19	0.00	0.00	24.76	25.27
其他	79.96	0.00	0.19	0.19	0.00	0.00	0.57	0.00	0.19	0.00	0.00	0.00	18.90	19.38

经过对农膜回收、集中处置服务支付意愿和农膜使用现状进行描述性统计可知，大多数受访农户对农膜回收、集中处置服务的支付意愿较低，究其原因多种多样，其中主要原因是出于农膜使用率较低或认为自己会回收处理的现实考虑。另外，在当前农村，对于可降解农膜的推广使用尚不成熟，大部分受访农户仍不知道有可降解农膜，部分受访农户出于可降解农膜价格过高的考虑不愿意使用可降解农膜，一定程度上说明农户对可降解农膜的认知薄弱及可降解农膜成本较之普通农膜的成本较高是阻碍可降解农膜推广使用的主要原因。

从农户对废弃农膜处理方式的现状来看，卖给回收的人和焚烧是当前处理废弃农膜的主要方式，而统一填埋于固定地方和统一送去指定地方回收处理的处理方式所占的比例较小。在当前农村社会，对于废弃农膜的统一处理方式尚未普及，占据主流地位的仍是农户个人的非正式处理方式，其中占比较大的焚烧处理方式给生态环境造成了一定的威胁。基于此，亟须政府加强提高农户的生态环境意识和对可降解农膜的宣传及补贴，统一正式的废弃农膜回收机制的建立也应该引发重视。

（四）生态环境保护措施认知现状及了解渠道

通过对受访农户对于低碳农业等不同生态环境保护措施的认知现状进行统计分析（图 4-13），不难发现：①整体上，受访农户对于低碳农业等生态环境保护措施的了解偏低，对于不同的生态环境保护措施的了解程度具有较大差异。②对于农村环境类的法律法规以及相关政策有一定了解的受访农户较多，分别为 581，542 户（占比分别为 60.52%与 56.46%），也有近半数受访农户 473 户（占比为 49.27%）对农作物秸秆资源化有所了解；③受访农户普遍对于低碳农业、循环农业以及农膜循环利用的了解程度偏低（占比分别为 18.65%、18.96%和 20.94%），仅有极少数受访农户（占比为 7.19%）对农业 PPP 项目有所知悉。

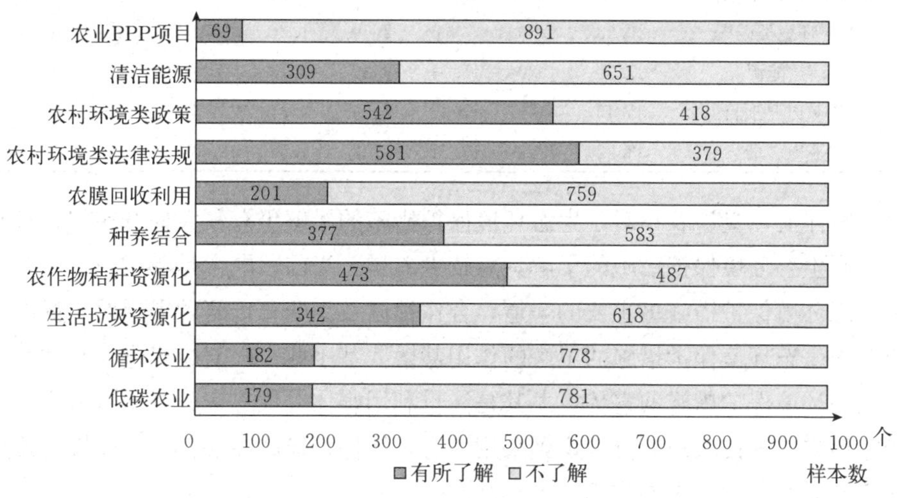

图 4-13 生态环境保护措施的认知现状

有关不同生态环境保护措施主要了解渠道的统计报告见表 4-11。结果表明：①整体上，较多的受访农户通过电视与网络两种渠道（占比分别为 33.22%、13.51%）了解生态环境保护措施，电视是受访农户了解各项生态环境保护措施最主要的渠道；②合作社以及企业宣传两种渠道对于提高农户关于生态环境保护措施的了解的作用甚微，其中仅有 0.32%的受访者通过企业宣传这一渠道来了解生态环境保护措施，且在样本中并未发现有农户对于低碳农业、循环农业和种养结合的了解来源于企业的宣传；③尚有很大一部分受访农户通过自身在生活实际中所见所闻以及在生产生活中累计经验等其他的渠道来了解生态环境保护措施（平均占比为 33.02%），其中尤以对农村环境类法律法规、农村环境类政策的了解方式为代表。

表 4-11 生态环境保护措施主要了解渠道（%）

生态环境保护措施	主要了解渠道占比							
	电视	广播	网络	报纸杂志	合作社宣传	企业宣传	亲朋好友转告	其他
低碳农业	37.57	15.98	15.98	3.85	1.48	0.00	3.25	21.89
循环农业	38.29	6.01	14.87	7.59	1.27	0.00	7.28	24.68
生活垃圾资源化	34.84	5.48	14.35	4.03	0.48	0.16	8.55	32.10
农作物秸秆资源化	29.73	5.89	10.55	2.47	0.96	0.55	11.10	38.77
种养结合	35.20	7.20	13.60	2.56	1.12	0.00	12.80	27.52
农膜回收利用	35.58	7.69	13.14	4.49	3.21	0.32	6.73	28.85
农村环境类法律法规	20.18	10.64	10.64	2.85	1.32	0.11	6.25	48.03
农村环境类政策	28.08	8.60	9.64	2.69	1.24	0.10	4.25	45.39
清洁能源	37.30	4.30	15.04	3.32	0.78	0.39	7.42	31.45
农业 PPP 项目	35.43	5.51	17.32	2.36	3.94	1.57	2.36	31.50
平均水平	33.22	7.73	13.51	3.62	1.58	0.32	7.00	33.02

整体上，受访农户对于生态环境保护措施的了解仍有较大提升空间，且对于不同生态环境保护措施的了解具有较大差异。当前，电视是受访农户了解各项生态环境保护措施最主要的渠道，合作社以及企业宣传两种渠道对于提高农户关于生态环境保护措施的了解的作用甚微。基于此，政府应当进一步加强关于生态环境保护措施的宣传，尤其是注重利用媒体等优势资源，通过入户讲解等宣传方式，使农户充分认识到采用生态环境保护措施在改善生态环境与发展绿色农业经济中的重要作用。

（五）结论与建议

通过上述分析可得出如下结论：一是在当前农村地区，农户虽然已开始采用现代清洁能源，但传统固体能源使用率依旧比较高。二是农户对生活污水的处理方式多样化，农村垃圾随意乱扔的现象得到了较大的改善，但垃圾集中分类处理及资源化利用的比例依然很低。三是农作物秸秆的处置方式比较单一，直接还田依然是处理农作物秸秆的主要方式，农作物秸秆的弃置比例较高。四是当前大多数受访农户对农膜回收、集中处置服务的支付意愿仍较低，对可降解农膜的认知薄弱及降解农膜成本较高是阻碍可降解农膜推广使用的主要原因。五是农户对生态环境保护措施的了解仍有较大提升空间，对不同生态环境保护措施的了解存在较大差异。电视是最主要了解渠道，合作社以及企业宣传对于提高农户关于生态环境保护措施的了解的作用甚微。基于以上结论，提出如下政策建议：①进一步改善农村能源的使用结构，提高较为清洁能源的普及率。②加强农村生活污水处理设施的全面供应和生活垃圾治理配套设施的不断完善，运用宣传到户和技术培训等形式不断提高农户生活垃圾分类收集的环保意识，促进可回收垃圾的循环利用。③建立以弃置秸秆为重点对象的资源化利用方式，提升农作物秸秆的利用水平和附加值。④加强提高农户的农膜污染防治的环保意识，加大对可降解农膜的宣传，对可降解农膜超出普通农膜的成本部分进行适当补贴，加快建立统一正式的废弃农膜回收机制。⑤加强关于生态环境保护措施的宣传，借助媒体的力量并通过入户讲解等宣传方式，使农户充分认识到采用生态环境保护措施在生态环境和绿色农业经济发展中的重要作用。

四、饮食消费*

食物消费是人类生存与获取营养的主要来源，国家居民食物消费水平与结构不仅同整个国家的经济发展水平紧密关联，还是衡量人民生活质量的重要标准。中国食物与营养发展纲要（2014—2020 年）也指出我国食物生产还不能适应营养需求，居民营养不足与过剩并存，营养与健康知识匮乏，必须引起高度重视。相关部门应坚持膳食引导和营养信息干预的有效结合，重点关注农村地区和偏远贫困地区。自改革开放以来，我国农村居民的生活水平和食物消费水平都得到了相应改善，但与城镇居民相比，农村居民在食物消费水平和消费结构上表现更低且更为单一。

准确理解和把握农村居民的饮食消费现状，对促进乡村振兴战略和健康中国战略的实施具有重要作用。梳理文献后不难发现，现有研究大多采用宏观数据从消费支出和地区差异的角度阐述农村居民的食物消费结构变动，尚缺乏基于微观调研数据的分析。为了展开有效的膳食引导，需要结合实际从微观层面分析农村居民食物消费。因此，在乡村振兴的背景下，我们开展了农村居民 24 小时饮食消费、1 个月饮食消费微观数据调研。基于调研数据，本部分将对上述两个模块的内容进行基本的描述性统计分析。

* 本部分执笔人：闵师，参与人：侯明慧、杨泞铵。

（一）农村居民 24 小时饮食消费行为

1. 饮食次数

根据农村居民 24 小时饮食消费调研数据，课题组整理出三省 1 080 个样本农户 1 天之内（24 小时）的饮食次数，由图 4－14 加总的数据可以直观地看出，绝大部分的家庭一天吃三餐饭（88.33%），其中有少部分家庭 1 天吃两餐饭（10.37%），极少数家庭 1 天之内的用餐次数超过三顿或低于两顿。已有研究显示，3 餐饭可基本满足一个人的日常能量需求。由此可推断，目前绝大部分样本农户的饮食行为可以满足其日常能量需求。

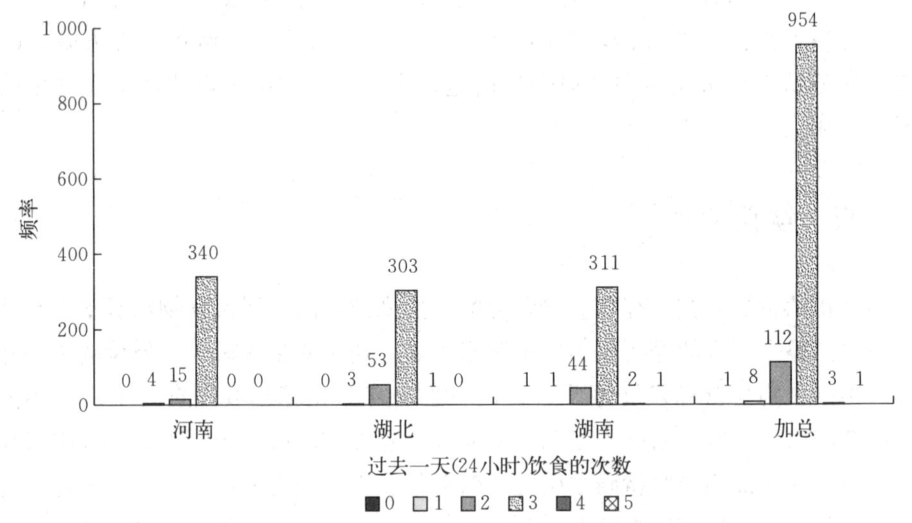

图 4－14　农村居民一天（24 小时）内的饮食次数

比较分析河南、湖北、湖南 3 省农户过去一天的饮食次数可以发现，三省农户饮食次数的分布趋势均与加总的分布趋势相同，绝大部分农户一天吃三餐饭，少部分家庭吃两餐饭，且三省农户 1 天内饮食次数的区域差异并不显著。

2. 饮食类型

在统计饮食次数的基础上，课题组还进一步详细地统计了三省 1 080 个样本农户 1 天之内（24 小时）的饮食类型。由图 4－15 可知，样本农户的饮食习惯较为规律，三餐的用餐比例分别为：早餐（95.37%）、午餐（92.78%）和晚餐（97.96%）。此外，极少部分农户会选择上午小吃、下午小吃和夜宵。值得一提的是，有 4.63%的样本农户没有吃早餐的习惯，且吃晚餐的比例略大于吃早餐的比例。由此可以推断，居民的饮食行为可以满足其日常食物和能量需求，但不吃早餐是否会影响居民的营养摄入和健康状况还有待进一步分析。

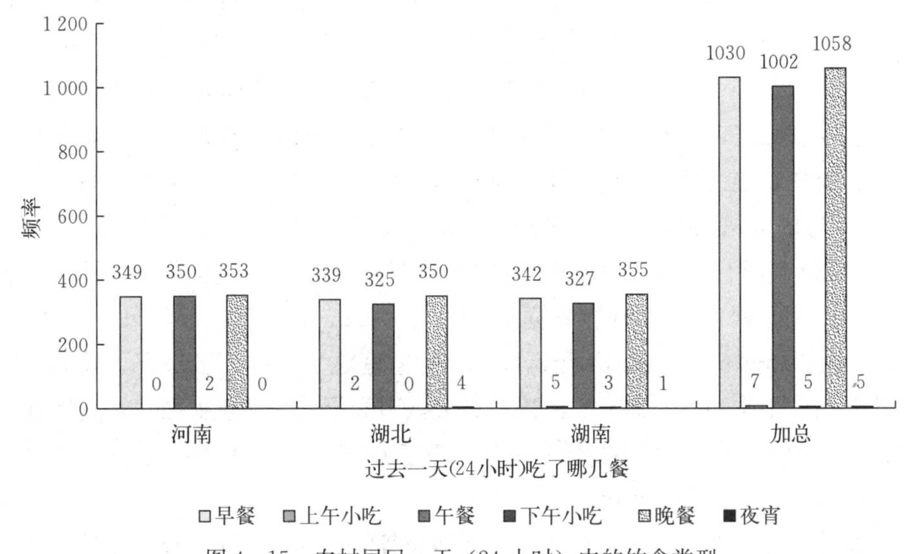

图 4－15　农村居民一天（24 小时）内的饮食类型

比较分析河南、湖北、湖南三省农户过去一天的饮食类型可以发现，三省农户饮食类型的分布均与加总的分布趋同，绝大部分农户一天的用餐包括早餐、午餐和晚餐，且三省农户一天内饮食类型的区域差异并不显著。

3. 食物消费及多样性

根据农村居民 24 小时饮食消费调研数据，课题组整理出三省 1 080 个样本农户在过去一天（24 小时）内，每顿饭就 21 种食物大类的消费情况和饮食多样化指数。由表 4－12 可以看出，就早餐而言，饮食多样性得分为 16。具体来说，40％以上的家庭都吃了谷类（66.94％）、薯类（41.11％）、蔬菜类（46.39％）；其次，19.35％的家庭吃了蛋类，7.13％的家庭吃了畜肉类，3.61％和 3.52％的家庭分别吃了咸菜和干豆类，2.87％和 1.76％的家庭分别吃了鱼虾类和乳类；最后，消费水果类、坚果类、禽肉类、婴幼儿食品、速食、白酒和啤酒的家庭比例均不足 1％。此外，上午小吃的饮食多样性得分为 6，且消费谷类、薯类、蔬菜类、水果类、鱼虾类和啤酒的家庭比例均低于 1％。

就午餐而言，饮食多样性得分为 21。各类食物的消费情况如下：首先，绝大部分家庭都吃了谷类（75.56％）和蔬菜类（85.19％）；其次，20％以上的家庭都消费了薯类（20.74％）、畜肉类（36.67％）和蛋类（20.09％）；再次，13.52%的家庭都吃了鱼虾类，消费了干豆类、水果类、禽肉类、咸菜、白酒和啤酒的家庭占比分别为 7.04%、3.33%、4.72%、2.22%、3.43%和 3.98%；最后，均低于 1%的家庭消费了菌类、坚果类、乳类、婴幼儿食品、小吃甜点、速食、海藻、碳酸饮料和果汁。下午小吃的饮食多样性得分为 5，且有占比均低于 1%的家庭吃了谷类、薯类、蔬菜类、禽肉类和小吃甜点。

就晚餐而言，饮食多样性得分为 21。同午餐类似，各类食物的消费情况如下：首先，绝大部分家庭吃了谷类（84.81%）和蔬菜类（86.20%）；其次，20%以上的家庭都消费了薯类（23.06%）、畜肉类（25.74%）；再次，12.13%和 11.11%的家庭消费了蛋类和鱼虾类，消费了干豆类、水果类、禽肉类、咸菜、白酒和啤酒的家庭分别有 5.00%、2.41%、4.35%、2.96%、5.00%和 2.50%；最后，均低于 1.00%的家庭吃了菌类、坚果类、乳类、婴幼儿食品、小吃甜点、速食、海藻、碳酸饮料和果汁。就夜宵而言，其饮食多样性得分为 8，有占比均低于 1.00%的家庭吃了谷类、薯类、干豆类、蔬菜类、畜肉类、禽肉类、鱼虾类和白酒。

总体而言，农村居民的早餐、午餐和晚餐的饮食多样性得分都比较高。其中，午餐和晚餐的饮食多样性得分高达 21，早餐为 16。由此可知，相较于早餐，农村居民的午餐和晚餐更加丰盛，在午餐和晚餐中所摄取的营养也更加全面。

表 4-12　农村居民过去 24 小时内每顿饭的食物消费及多样性（单位：%）

食物种类	早餐	上午小吃	午餐	下午小吃	晚餐	夜宵
谷类	66.94	0.37	75.56	0.19	84.81	0.28
薯类	41.11	0.19	20.74	0.19	23.06	0.19
干豆类	3.52	0.00	7.04	0.00	5.00	0.28
蔬菜类	46.39	0.28	85.19	0.28	86.20	0.28
菌类	0.00	0.00	0.46	0.00	0.28	0.00
水果类	0.56	0.09	3.33	0.00	2.41	0.00
坚果类	0.19	0.00	0.09	0.00	0.19	0.00
畜肉类	7.13	0.00	36.67	0.00	25.74	0.19
禽肉类	0.74	0.00	4.72	0.09	4.35	0.09
乳类	1.76	0.00	0.46	0.00	0.65	0.00
蛋类	19.35	0.00	20.09	0.00	12.13	0.00
鱼虾类	2.87	0.09	13.52	0.00	11.11	0.09

（续）

食物种类	早餐	上午小吃	午餐	下午小吃	晚餐	夜宵
婴幼儿食品	0.74	0.00	0.65	0.00	0.83	0.00
小吃甜点	0.00	0.00	0.09	0.09	0.09	0.00
速食	0.19	0.00	0.09	0.00	0.19	0.00
海藻	0.00	0.00	0.19	0.00	0.37	0.00
咸菜	3.61	0.00	2.22	0.00	2.96	0.00
碳酸饮料	0.00	0.00	0.28	0.00	0.28	0.00
果汁	0.00	0.00	0.56	0.00	0.28	0.00
白酒	0.93	0.00	3.43	0.00	5.00	0.09
啤酒	0.28	0.09	3.98	0.00	2.50	0.00
DDI	16	6	21	5	21	8

为了更加直观地了解三省 1 080 个样本农户在过去一天（24 小时）内，每顿饭的食物消费情况，课题组根据表 4－12 绘制了图 4－16。由图 4－16 可以观测到农村居民在早餐、午餐和晚餐都消费的 7 种食物从多到少依次为谷类、蔬菜类、薯类、畜肉类、蛋类、鱼虾类、干豆类。由此可知，当前农村居民食物消费仍然维持以植物性食物为主，动物性食物为辅的结构。

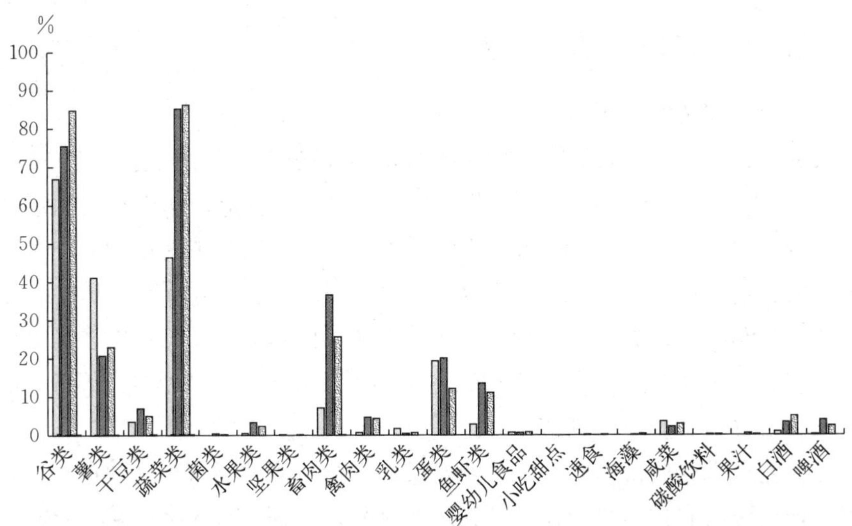

图 4－16 农村居民过去一天（24 小时）内每顿饭的食物消费情况

4. 剩菜处理

根据农村居民 24 小时饮食消费调研数据，课题组统计了居民每顿饭每种食物的剩菜处理方式。由表 4－13 可知，绝大部分家庭每顿饭后无剩菜（77.53％）。当存在剩菜时，11.91％的农户选择将剩菜留作下顿继续吃，8.67％的农户选择将剩菜喂给自己饲养的畜禽牲畜，而 2.01％的家庭则选择直接倒掉剩菜。由此可知，就剩菜留作下顿吃而言，农村居民吃剩菜的比例仍然比较高，而剩菜的营养成分显然低于现做的饭菜，经常吃剩菜不利于农村居民的营养摄入，进而有损健康。就剩菜直接被倒掉的情况而言，居民可能会造成一定程度上的食物浪费。鉴于此，课题组认为有待进一步呼吁居民减少饭菜的剩余量，尽量做到空盘行动，拒绝浪费，做到吃多少做多少。

表 4－13　农村居民的剩菜处理方式

剩菜处理方式	频率	百分比（％）
没剩菜	6 260	77.53
留作下顿吃	962	11.91
喂给畜禽牲畜	700	8.67
倒扔	162	2.01

（二）农村居民一个月饮食消费

1. 每月人均食物消费量

根据农村居民 1 个月饮食消费调研数据，课题组统计了三省 1 080 个样本农户，就 11 种食物大类的家庭月消费量和人均月消费量，并将其与国家统计数据进行了比较。从表 4－14 可以得知，农村居民家庭月消费量和人均月消费量最多的食物是粮食和蔬菜，这与人们日常的饮食习惯相一致。其次是瓜果类、猪肉及制品和蛋类。居民月消费量相对较少的是食用菌、禽肉及制品、牛羊肉及制品、鱼虾海鲜等水产品、藻类和奶及奶制品。这可能与人们日常的饮食习惯和食物本身的价格紧密相关。

将三省微观调研得出的人均月消费量数据与对应的国家统计数据相比，课题组发现，受访农村居民的蔬菜、猪肉及制品、鱼虾海鲜等水产品、蛋类、奶及奶制品和瓜果类的消费量均超过了国家统计的农村居民相应食品的消费量。其中，蔬菜、蛋类、瓜果类的消费量大约是国家统计数据的 1.5～2 倍，远远高于国内平均水平。此外，就粮食、禽肉及制品、牛羊肉及制品的消费量而言，调研结果略低于国家统计数据结果。总体而言，三省样本农村居民的食物消费量已达到国家统计量的水平线。

表 4-14　样本农村居民 VS 全国平均水平：各类食物的家庭月消费量、人均月消费量

食物种类	家庭月消费量（千克）	人均月消费量（千克）	国家统计农村居民人均月消费量数据
粮食	32.75	11.89	12.88
蔬菜	39.42	14.75	7.52
食用菌	0.54	0.21	—
猪肉及制品	5.35	1.93	1.63
禽肉及制品	1.68	0.65	0.67
牛羊肉及制品	0.27	0.1	0.16
鱼虾海鲜等水产品	2.66	0.97	0.62
藻类	0.32	0.11	—
蛋类	4.37	1.54	0.74
奶及奶制品	2.37	0.81	0.58
瓜果类	15.7	5.55	3.2

数据来源：《2018 年中国统计年鉴》。

2. 食物消费市场化率和自给率

根据农村居民 1 个月饮食消费调研数据，课题组统计了农村居民消费的 11 种食物大类的市场化获取率、自给率和每种食物的家庭月购买支出金额。由表 4-15 可知，从市场化获取率来看，食用菌（92.96%）、猪肉及制品（77.28%）、牛羊肉及制品（93.57%）、鱼虾海鲜等水产品（72.17%）、藻类（97.49%）、奶及奶制品（90.59%）和瓜果类（75.61%）的购买比例相对较高；从自给率来看，农村居民消费的粮食（64.57%）、蔬菜（84.52%）、禽肉及制品（58.62%）和蛋类（57.03%）等农产品基本上是自产自销。就家庭月购买支出金额来看，农村居民每月花费在猪肉及制品、牛羊肉及制品、奶及奶制品和瓜果类上的钱相对较多，依次为 97.72 元、112.83 元、185.71 元、75.47 元，这可能与食物自身的价格相关。由此可见，农村居民动物性食物消费的市场化率较高，植物性食物消费的自给率较高。

表 4-15　农村居民的食物市场化获取率、自给率和家庭支出

食物种类	家庭购买比例（%）	自给率（%）	家庭购买支出金额（元）
粮食	35.43	64.57	59.35
蔬菜	15.48	84.52	36.68
食用菌	92.96	7.04	22.4
猪肉及制品	77.28	22.72	97.72
禽肉及制品	41.38	58.62	32.73
牛羊肉及制品	93.57	6.43	112.83
鱼虾海鲜等水产品	72.17	27.83	47.02
藻类	97.49	2.51	11.68
蛋类	42.97	57.03	22.67
奶及奶制品	90.59	9.41	185.71
瓜果类	75.61	24.39	75.47

3. 白酒和烟类的消费情况

根据农村居民 1 个月饮食消费调研数据，课题组统计了居民在酒类和烟类上的消费量和购买支出额。由表 4-16 可知，农村居民酒类的月消费量为 6.36 千克，平均酒精度数为 35.20 度，相应的购买支出额为 143.64 元；烟类月消费量为 16.67 包，平均焦油量为 44.51 毫克，相应的购买支出额为 282.62 元。由此可以推断农村居民每天的饮酒量为 4.24 两，烟类的消费量为每两天 1 包烟（20 支标准烟）。由此可见，农村居民的烟酒消费量相对较高，过多的烟酒消费不仅带来额外的开支，而且易给自身的健康水平造成负面影响。因此，课题组建议农村居民应适当减少烟酒的消费，最好做到戒烟戒酒，从而降低自身患病风险，过上更加健康的生活。

表 4-16　农村居民每月白酒和烟类的消费情况

烟酒	家庭月消费量（千克）/（包）	酒精度（度）/焦油量（毫克）	购买支出额（元）
酒类	6.36	35.20	143.64
烟类	16.67	44.51	282.62

（三）农村居民饮食消费与身体健康情况相关性分析

1. 农村居民健康状况

根据调研数据中的农户基本信息，课题组统计了农村居民的健康状况。由

表 4 - 17 可知，大部分受访者认为自己“很健康”或“比较健康”，占比分别为 27.50%和 28.33%，总体健康占比为 55.83%。此外，不健康和很不健康的受访者分别占有 15.93%和 1.20%。总体而言，农村居民的整体健康状况不容乐观。

表 4 - 17 调研农户的健康状况

健康状况	频数	百分比（%）
很健康	297	27.5
比较健康	306	28.33
一般	201	18.61
不健康	172	15.93
很不健康	13	1.2
缺失值	91	8.43

2. 农村居民饮食消费与健康状况的相关性分析

为了进一步比较分析不同健康水平下农村居民就每 11 种食物消费量之间的差异。我们首先删除了健康状况的缺失值，将“很健康”和“比较健康”赋值为 3，以代表高健康水平；将“一般”赋值为 2，代表中等健康水平；将“不健康”和“很不健康”赋值为 1，代表低健康水平。然后，分别将健康水平与 11 种食物的消费量进行单因素方差分析。

结果表明，在不同健康水平下，粮食、蔬菜、食用菌、牛羊肉及制品、藻类和奶及奶制品的消费量差异均不显著。而猪肉及制品、禽肉及制品、鱼虾海鲜等水产品、蛋类和瓜果类的消费量，在不同健康水平下差异均显著。具体而言，高健康组的猪肉及制品消费量显著高于低健康组（M 高＝5.81，M 低＝4.64，$P<0.1$）；高健康组的禽肉及制品的消费量显著高于中等健康组和低健康组，且两两比较均显著（M 高＝1.99，M 中＝1.47，M 低＝0.79，$P<0.05$）；高健康组的鱼虾海鲜等水产品的消费量显著大于低健康组的消费量（M 高＝3.31，M 低＝1.65，$P<0.1$）；高健康组蛋类的消费量显著大于低健康组的消费量（M 高＝4.82，M 低＝3.06，$P<0.05$）；高健康组瓜果类的消费量显著大于低健康组的消费量（M 高＝18.18，M 低＝10.36，$P<0.001$）。由此可见，在不同健康水平下，大部分植物性食品的消费差异不显著，大部分动物性食品的消费差异显著。

（四）结论与建议

综合上述分析可得出以下结论：一是总体来看，农村居民食物消费仍然维持以植物性食物为主，动物性食物为辅的结构。大部分农村居民一天吃三餐，三餐大多为早餐、午餐、晚餐。午餐和晚餐的饮食多样性大于早餐，且早餐、午餐和晚餐均消费的 7 种食物的数量由多到少依次为：谷类、蔬菜类、薯类、畜肉类、蛋类、鱼虾类、干豆类。此外，部分农村居民存在吃剩菜和从不吃剩菜的行为。二是三省样本农村居民在 11 种食物大类上的月消费量已达到全国平均水平。其中蔬菜、蛋类、瓜果类的消费量甚至超过了全国平均水平。从消费的市场化率和自给率来看，农村居民动物性食物消费的市场化率较高，植物性食物消费的自给率较高。此外，相关数据结果表明，农村居民的烟酒消费量相对较高，过多的烟酒消费不仅带来额外的开支，而且易给自身的健康水平造成负面影响。

五、食品安全行为*

随着经济的发展，人们对生活质量的要求越来越高，不仅吃得饱，还要吃得好。“毒奶粉”“瘦肉精”等严重危害身体健康的事件时有发生，食品安全也越来越受到人们的关注。食品安全是关系每个人生命健康的大事，2009 年我国通过了《食品安全法》，党的十九大提出“实施食品安全战略，让人民吃得放心”，食品安全问题已经上升到国家重大战略。在国家法律的制约和政策引导下，我国食品安全问题呈现出向好趋势，但是人们对于食品安全问题的认知存在城乡差异，农村地区由于经济相对落后，信息获取不够及时等原因，农村居民对食品安全问题的认识还需要进一步提高。为此，我们调研了三省农户食品安全行为，包括视频安全知识的主要获取途径、对食品安全知识的掌握程度、食品安全行为以及食品安全宣传等方面，并根据得出的结论提出合理建议。

（一）食品安全知识的主要获取途径

根据食品安全知识与行为调研数据，课题组统计了农村居民食品安全知识的主要获取途径。由表 4－18 可知，表中列举的 8 种途径中，被排列的顺序各有不同。其中 0 代表没有被排序在前三的情况，1 代表被排序为第一的情况，以此类推。通过汇总每种途径出现在前三的频率，可以得出居民获取食品安全知识最主要的三种途径依次为：电视、电台，微信等手机应用，亲朋邻里同学。

---

* 本部分执笔人：闵师，参与人：侯明慧、杨泞铵。

表 4-18　农村居民获取食品安全知识的前三种途径

途径	0	1	2	3	出现在前三的总频率
电脑	969	72	26	12	110
电视、电台	379	486	174	40	700
书籍、报纸、杂志	865	78	76	60	214
手机短信	926	54	71	28	153
微信等手机应用	771	123	123	62	308
亲朋邻里同学	804	96	102	77	275
专题讲座	1 029	9	14	27	50
其他	895	161	13	10	184

（二）食品安全知识

根据食品安全知识与行为调研数据，课题组统计了农村居民对 12 种食品安全知识的得分情况，其中每个观点判断正确得 1 分，不知道得 0 分，判断错误扣除 1 分。由表 4-19 可以看出农村居民食品安全知识的平均得分为－1.42。从单

表 4-19　农村居民食品安全知识得分

食品安全知识	每项平均得分	河南省得分	湖北省得分	湖南省得分
①含有食品添加剂的食品都不利于人类身体健康	－0.57	－0.57	－0.63	－0.5
②经常喝冰水和饮料会导致肾虚	－0.47	－0.41	－0.51	－0.48
③做豆腐过程中添加的石膏与卤水是食品添加剂	－0.16	－0.14	－0.17	－0.17
④美国人民都不吃转基因食品	－0.17	－0.17	－0.17	－0.16
⑤食用油没有保质期，可以长期储存	0.49	0.45	0.51	0.51
⑥笔直的黄瓜都喷了药，弯黄瓜才是天然的	0.35	0.24	0.44	0.37
⑦日常饮食应该遵循食物相克理论	－0.51	－0.44	－0.58	－0.52
⑧小龙虾经基因改造而来，外国人从来不吃	0.09	0.03	0.2	0.04
⑨味精加热后有毒	－0.05	－0.16	－0.04	0.06
⑩根据人体酸碱体质理论，吃碱性食品更健康	－0.01	0.01	0.07	－0.12
⑪罐头添加了大量防腐剂，吃了会催人变老	－0.13	－0.19	－0.11	－0.11
⑫大量吃含维生素 C 的食品可以预防和治疗感冒	－0.28	－0.28	－0.23	－0.33
总得分	－1.42	－1.61	－1.23	－1.42

项均分来看，只有 3 条食品安全知识的得分为正，其余 9 个均为负分。将河南省、湖北省、湖南省三省的平均得分进行比较发现，只有“根据人体酸碱体质理论，吃碱性食品更健康”这一条食品安全知识的得分在三省间有正负上的差异。其中，河南省和湖北省的受访农户在这一食品安全知识上的平均得分较高，分别为 0.01 和 0.07，湖南省受访农户的平均得分为－0.12，分值相对较低。在其他 11 种食品安全知识的得分上，三个省份之间分值走向趋同，没有显著的区域差异。

由此可以推断，三省的农村居民整体对食品安全知识的了解程度相对较低，不能准确把握食品安全信息。从信息知晓程度影响行为的角度来看，居民的食品安全知识匮乏将会影响其食物消费，进而影响身体健康。因此，有必要采取措施提升农村居民的食品安全知识。

为了了解农村居民就 12 个食品安全知识的整体得分分布情况，课题组绘制了图 4－17，可知农村居民的食品安全知识得分基本符合正态分布的规律。其中最低为－12 分，最高为 10 分，绝大部分居民的得分都分布在［－7，4］的区间内（90.64％）。由此说明，样本选取和得分均具有一定的代表性。

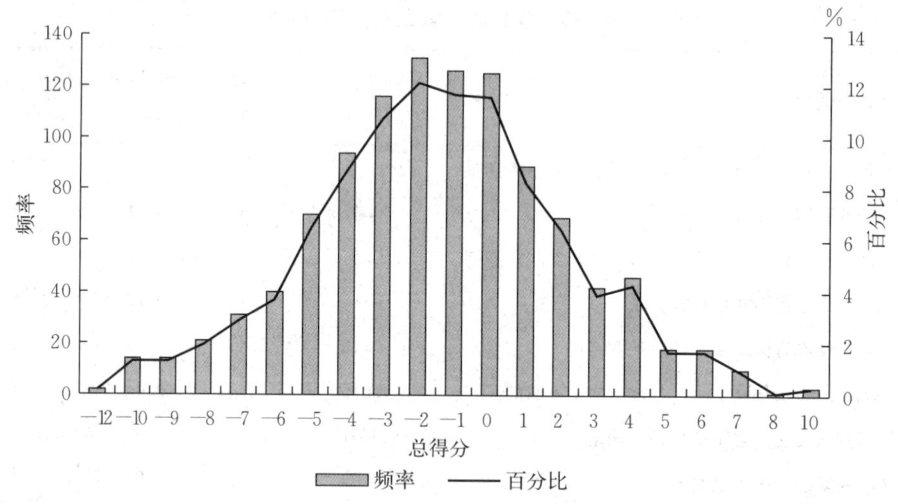

图 4－17　农村居民食品安全知识总得分分布图

（三）食品安全行为

根据食品安全知识与行为调研数据，课题组统计了农村居民对 14 种农户食品安全行为的得分情况，得分越高代表每个农户食品安全行为表现越好。每个农户食品安全行为的选项所代表的分值不完全一致，就前 6 个和第 12～13 个食品安全行为而言，1＝从来饭前不洗手，记 1 分；5＝总是，记 5 分，以此类推。就第 7 和第 8 个食品安全行为而言，1＝是，记 2 分；2＝否，记 1 分。就第 9 个到第 11 个食品安全行为而言，1＝每顿饭，记 5 分；5＝从不，记 1 分。最后一个食品安全行为，1＝每顿，记 8 分；8＝每年，记 1 分。由此得出农村居民的食品安全行为的总得分分布在 14～67 之间（图 4－18）。

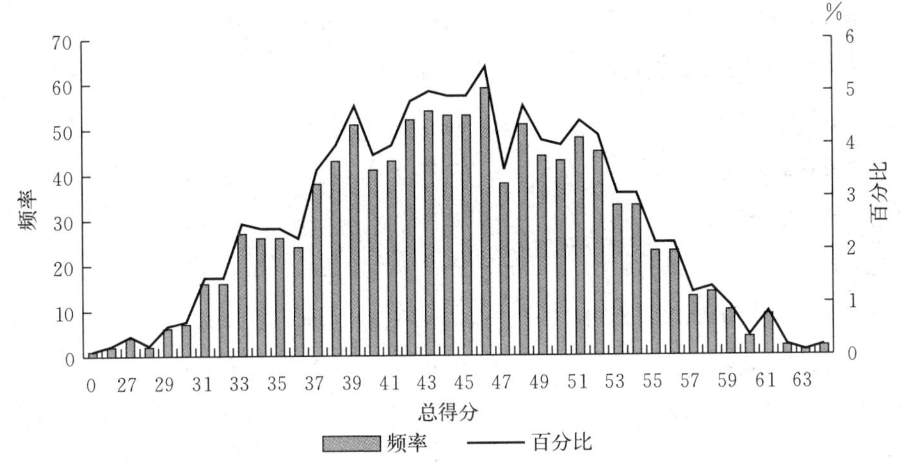

图 4－18　农村居民食品安全行为得分分布图

由表 4－20 可以得知农村居民的食品安全行为总平均得分（44.61 分）和每个农户食品安全行为的平均得分。课题组将河南省、湖北省、湖南省三省的平均得分进行比较发现，河南省的受访者在“每次就餐前洗手”“吃过夜剩菜剩饭的频率”“厨房厨余垃圾处理频率”3 个行为上得分要高于其他两省；河南省受访者在“购买食品看原料和配料”“购买食品看食品安全标识”“购买食品看储藏方法”“家里切生熟食品分别用不同的菜刀”“家里菜板刷洗频率”“菜板煮沸或其他消毒频率”“厨房多久全面擦洗打扫一次”7 个行为上的得分要低于其他两省；其他 4 个行为的得分与三省没有显著差异。由此可见，三省的农户食品安全行为在一定程度上存在区域差异，这可能是由南北文化差异所导致。总体而言，农村居民的食品安全行为得分并不是很高，还有待进一步改善。

根据农户食品安全知识得分和农户食品安全行为得分，课题组对二者进行了相关性分析，结果发现二者的相关系数为－0.019 1，P 值为 0.531 4。由此可知，二者之间的相关性不显著。可能的原因是农村居民的食品安全知识得分较低，缺乏食品安全意识，因而他们的食品安全行为不受安全知识的影响。

表 4-20　食品安全行为得分

食品安全行为	每项平均得分	河南省得分	湖北省得分	湖南省得分
①每次就餐前洗手	4.49	4.66	4.41	4.41
②吃过夜剩菜剩饭的频率	3.91	4.09	3.74	3.89
③购买食品看生产日期和保质期	3.94	3.96	4.14	3.73
④购买食品看原料和配料	2.48	2.29	2.65	2.49
⑤购买食品看食品安全标识	2.74	2.44	3.04	2.73
⑥购买食品看储藏方法	2.76	2.49	3.02	2.78
⑦家里切生熟食品分别用不同的菜刀	0.76	0.62	0.9	0.75
⑧家里切生熟食品分别用不同的菜板	0.6	0.66	0.72	0.43
⑨家里菜板刷洗频率	4.48	4.21	4.61	4.61
⑩菜板煮沸或其他消毒频率	2.13	1.8	2.45	2.15
⑪厨房厨余垃圾处理频率	3.11	3.28	2.86	3.21
⑫厨房光照情况	3.77	3.72	3.85	3.73
⑬厨房通风情况	3.94	3.9	4.07	3.86
⑭厨房多久全面擦洗打扫一次	5.5	5.17	5.69	5.63
总得分	44.61	43.29	46.16	44.39

（四）食品安全宣传

根据食品安全知识与行为的调研数据，课题组统计了 4 种食品安全宣传方法的预期效果。由表 4-21 可知，表中列举的 4 种方法宣传效果各有不同，被看的频率越高表示宣传效果越好，因此课题组根据每期都看的频率进行了排序。从排序结果可知，4 种宣传方法的预期效果由高到低依次为：①每周向居民发送食品安全相关知识的纸质版宣传材料。②用手机每周向居民发送一条食品安全相关的信息。③用手机每天向居民发送一条食品安全相关的信息。④电视台每周固定时间播放食品安全相关节目。由此可见，这一结果为相关部门采取食品安全宣传措施提供了一定的参考价值。

表 4-21 食品安全宣传措施

食品安全宣传方法	从来不看	很少	偶尔	经常	每份都看	排序
每周向您发送食品安全相关知识的纸质版宣传材料	177	87	181	192	442	1
电视台每周固定时间播放食品安全相关节目	120	136	323	243	257	4
用手机每周向您发送一条食品安全相关的信息	219	89	154	197	419	2
用手机每天向您发送一条食品安全相关的信息	228	132	238	176	306	3

（五）农村居民食品安全知识和行为与健康状况的相关性分析

为了进一步比较分析不同健康水平下农村居民的食品安全知识和行为之间的差异，农村居民健康状况见表 4-17，我们首先删除了健康状况的缺失值，将“很健康”和“比较健康”赋值为 3，代表高健康水平；将“一般”赋值为 2，代表中等健康水平；将“不健康”和“很不健康”赋值为 1，代表低健康水平。然后，分别将健康水平与食品安全知识和食品安全行为进行单因素方差分析。

结果表明，不同健康水平下的食品安全知识没有显著差异，且两两比较差异均不显著（M 高＝－1.45，M 中＝－1.52，M 低＝－1.29，$P>0.1$）。而不同健康水平下的食品安全行为有显著差异，且两两差异均显著（M 高＝45.76，M 中＝44.15，M 低＝42.29，$P<0.05$）。

（六）结论与建议

综合分析，农村居民的食品安全知识认知度较低，食品安全行为有待进一步改善。数据结果表明，农村居民获得食品安全知识的主要途径为：电视、电台，微信等手机应用、亲朋邻里同学。比较不同健康水平下农户食物消费量、农户食品安全知识认知和行为的差异，发现农户大部分植物性食品的消费差异并不显著，而大部分动物性食品的消费差异显著；农户食品安全知识认知差异不显著，食品安全行为差异显著。因此，相关部门可以采取合理有效的方法对农村居民的食品安全知识和食品安全行为进行干预，以促进农户饮食消费行为和健康状况的改善。

第五部分　农作物空间分布

一、研究背景*

农作物空间格局反映了人类农业生产在空间范围内利用农业生产资源的状况，是了解农作物种类、结构、分布特征的重要信息，也是进行农作物估产、农作物结构调整和优化的依据。农作物空间格局信息获取方法主要包括统计汇总和遥感监测。早期和传统的统计方法通常采用“层层上报”的方式获取某一行政区域的农作物分布总量及变化总量信息，缺乏具体的农作物空间位置信息。同时，统计数据通常是在农作物收获之后进行总量汇总，其时效性和准确性往往不足。相比之下，遥感技术因其覆盖范围大、探测周期短、现势性强等优点，成为目前农作物空间格局信息获取的主要手段。构建农作物空间数据样本库，采集和整理大范围、多类别、长时间序列的农作物样本是农作物遥感制图的重要环节。

依托2019年华中农业大学部署的三省（湖北省、河南省、湖南省）暑期农业大数据调研任务，集结11名空间数据调研员，基于3S（RS、GIS、GPS）技术，利用Google Earth平台、“GPS工具箱”等，开展农作物空间样本大数据采集工作，实现面向野外农作物种植点的空间信息的采集。经数据整理和标准化后，获得有效数据共计6 948条，包括单季稻、双季稻、稻虾田、小麦、棉花、花生、菜地、莲藕、果园、玉米、豆类、大棚、芝麻、其他等14种作物类别。数据主要分布于湖北省、河南省、湖南省，少量分布于河北省、安徽省、江西省、重庆市。

二、空间样本数据采集流程

（一）野外样本数据采集

为确保采样工作高效有序进行，在野外实地数据采集之前，依托Google

* 本部分执笔人：徐保东、胡琼，参与人：杨靖雅、陈云坪。

Earth 平台、“GPS 工具箱”“奥维互动地图”手机应用程序，在室内判读调研区农业景观特征，为确定采样作物编号类别及规划采样线路提供依据。调研过程中，路线布设人员与前站人员沟通得到队伍前往的村镇信息，依托 Google-Earth 平台，由路线规划人员进行采样路线的前期规划，并发送给相应的空间信息调查员。

空间信息调查员使用“GPS 工具箱”手机应用程序开展农作物种植空间分布的采集工作：采集前，将预设的路线文件导入 App，录入作物属性类别编号。标记地理位置点后，选择采样点的作物类别并对作物进行拍照，完成采样点位置的标记。

结束每天的采样工作后，空间信息调查员将“路线追踪”结果，样本采集统计表单，csv、kmz 格式的数据采集结果导出备份，并发送给路线布设人员。

（二）室内样本数据标准化

为增强数据的可读性，减少数据冗余，提高后续利用数据的效率，课题组进行了数据标准化工作，提取有效信息，制定标准格式存储数据，并形成与数据配套的“三省农作物空间信息数据说明”。同时，课题组基于标准化后的“三省农作物空间信息汇总”数据，绘制空间分布图及面向不同对象（省份、作物类别）的统计图表，挖掘信息并开展数据分析工作。

空间数据调研员通过“GPS 工具箱”记录农作物种植的空间信息，当天的采集任务结束后便进行数据汇总，将数据导出发送给路线规划员便于后期数据标准化工作的开展。“GPS 工具箱”导出的有效采样数据格式及内容简介如下（以空间数据调研员叶尧同学提交的于 2019 年 7 月 9 日导出的数据汇总图 5－1 为例）：

图 5－1　空间数据调研员叶尧同学提交的于 2019 年 7 月 9 日导出的数据汇总

其中，命名为“20170709－叶尧”的文件夹存储了每个采样点的实地图片；“. csv”文件、“. kmz”文件及“. txt”文件分别以不同的数据格式存储了每个采样点的经纬度、采样时间、采样点照片名称、所属类别、备注等信息，如图 5－2 所示。

	A	B	C	D	E	F	G	H	I	J	K	L	M	N	O
1	#名称	纬度	经度	高度	照片文件名(多个用分	时间	标记样式	所属类别IC	备注	备注2	备注3	卫星数	精度	收藏	
2	袁新电排站	29.717542	113.326643	0	袁新电排站_29.7175	######	0	15	鱼塘＋莲藕			26	3.79	0	
3	湖北省荆州市洪湖市	29.746225	113.35136	0	湖北省荆州市洪湖市	######	0	15	鱼塘			26	3.79	0	
4	湖北省荆州市洪湖市	29.831711	113.422801	0	湖北省荆州市洪湖市	######	0	15	鱼塘			29	3.79	0	
5	撮箕湖	29.831456	113.440889	0	撮箕湖_29.831456-1	######	0	15	鱼塘			25	3.79	0	
6	洪湖市远行水产有限公司中原冷库	29.753782	113.386056	0	洪湖市远行水产有限	######	0	15	鱼塘			24	3.79	0	
7	码头村	29.673373	113.213106	0	码头村_29.673373-1	######	0	15	鱼塘			25	3.79	0	
8	湖滨村	29.649105	113.235354	0	湖滨村_29.649105-1	######	0	15	鱼塘（黄鳝、小龙虾）			22	3.79	0	
9	艾家新墩	29.647317	113.245003	0	艾家新墩_29.647317	######	0	15	鱼塘			23	3.79	0	
10	龙友小龙虾养殖专业合作社	29.665041	113.302627	0	龙友小龙虾养殖专业	######	0	15	火龙果			23	3.79	0	

图 5－2　空间数据调研员叶尧同学提交的 .csv 文件

经讨论，我们确定保留经纬度、采样时间、所属类别、备注等 4 类信息并添加轮作信息，将此 5 类信息作为数据标准化的结果，如图 5－3 所示。为减小采样误差，确保所属类别 ID 与实地作物的一致性，在数据标准化过程中，我们逐条对比所属类别 ID 与实地照片，进行数据修正。最后得到 6 948 条有效记录。结合备注信息，重新将作物类别总结为早稻、中稻、双季稻、水稻、稻虾田、小麦、花生、棉花、菜地、莲藕、果园、玉米、豆类、大棚、晚稻、芝麻、其他等 17 类。

	A	B	C	D	E	F	G
1	纬度	经度	Year	DOY	所属类别ID	是否轮作	备注
2	32.183198	111.567353	2019	190	7	0	套种（花生-芝麻）
3	32.118249	111.692422	2019	190	17	0	芝麻
4	32.147004	111.584239	2019	190	12	0	套种（芝麻-玉米）
5	32.159468	111.576682	2019	190	15	0	高粱
6	32.181872	111.567915	2019	190	17	0	芝麻
7	32.189618	111.557695	2019	190	17	0	芝麻
8	32.188795	111.550946	2019	190	17	0	芝麻
9	32.181216	111.602961	2019	190	14	0	玉米
10	32.157938	111.636775	2019	190	12	0	
11	32.158714	111.623449	2019	190	12	0	
12	32.164323	111.616916	2019	190	12	0	

图 5－3　部分标准化后的采样数据

基于数据标准化结果，我们绘制了面向行政单元的“三省总体采样点分布图”“县级采样点分布图”、省级和县级作物采样数量统计图，以及面向农作物类别的各类别作物在不同省份的采样数量统计图等，依托各类图表数据，表达空间信息，开展数据分析。

三、研究结果

（一）不同行政单元的样本分布

农作物采样点主要分布于河南省、湖北省、湖南省境内，呈放射状或团聚状分布，这是为配合问卷调查工作，空间调查员的采样路线围绕问卷调查村开展所致。各省采样点数量分别为：河南省共计 2 701 个采样点；湖北省共计

1 926 个采样点；湖南省共计1 946个采样点。由于问卷调查村地处省级行政区划边缘，导致与河南省、湖北省、湖南省相邻的河北省、安徽省、江西省、重庆市境内也出现少量采样点，三省外采样点共计 375 个。

河南省境内采样点主要分布于北部和中南部。样本点在南阳市分布最多，其次为确山县、安阳、原阳市、偃师市等地。农作物种植类型以玉米、单季稻、花生、果园为主，作物类型为玉米的采样点最多，共计 1 410 处（图 5－4）。河南省是我国主要的粮食生产大省，玉米生产与消费在全国占有重要地位，是该省第二大种植作物。相比湖北省及湖南省，河南省属于华北单季稻作区，采样结果中水稻类型以单季稻为主。

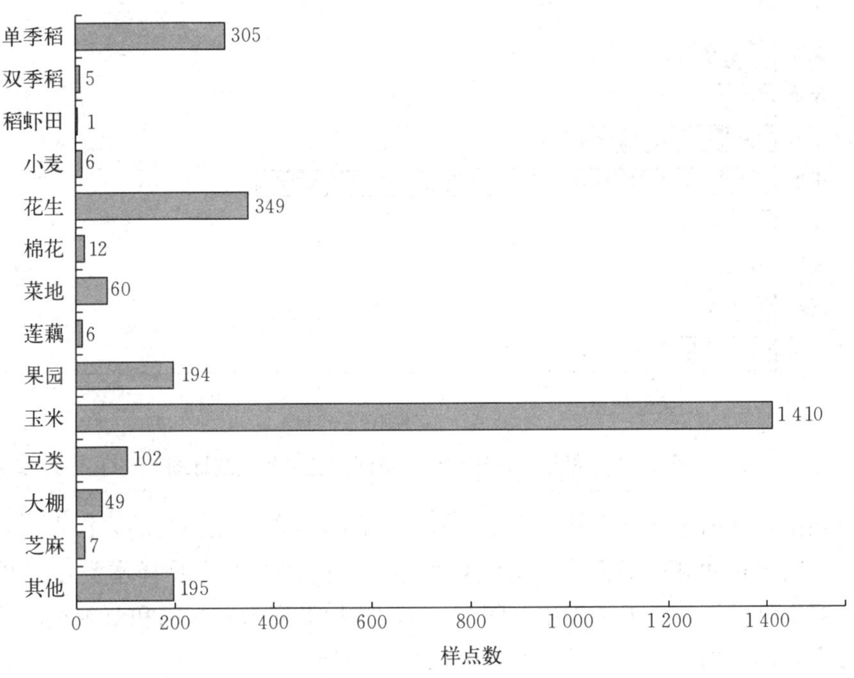

图 5－4　河南省农作物种植空间信息采集点统计图

湖北省境内采样点分布较均匀。当阳市的采样点分布最多，其次为枣阳市、建始县、谷城县、罗田县、洪湖市等地。湖北省的农作物样本类型以单季稻、双季稻、稻虾田、玉米、果园为主，作物类型为单季稻的采样点最多，共计 617 处（图 5－5）；样本点中标记为“稻虾田”的记录共计 130 处，主要分布于洪湖市、当阳市、监利县。“稻虾共作”属于一种稻田种养结合的生态农业模式，在稻田中种植水稻的同时养殖小龙虾，两者在稻田中互利共生。监利县隶属于湖北省荆州市，地处长江北岸。2018 年，监利全县水稻面积 232 万亩，其中，“稻虾共作”面积 80 万亩，有连片千亩以上标准化“稻虾共作”基地 246 处。作为全国稻渔种养的核心带，监利县与华中农业大学合作，实施以“稻虾共作”升级版为主要内容的“双水双绿”战略。

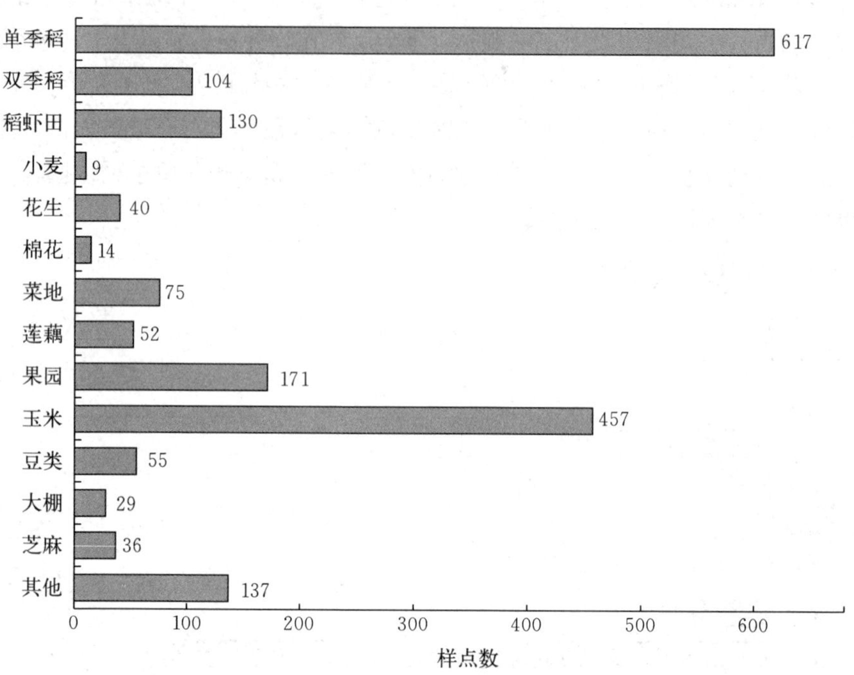

图 5－5　湖北省农作物种植空间信息采集点统计图

湖南省境内采样点主要分布于北部、中部及东部。浏阳县的采样点分布最多，其次为隆回县、华容县、安仁县等地。湖南省的农作物样本类型以单季稻、双季稻、菜地、玉米为主（图 5－6），作物类型为单季稻和双季稻的采样点最多，单季稻共计 764 处，双季稻共计 477 处。

（二）不同农作物样本分布

经数据标准化，采样点的农作物类别包括单季稻、双季稻、虾稻田、小麦、花生、棉花、菜地、莲藕、果园、玉米、豆类、大棚、芝麻、其他等 14 类，各类作物采样点数量及各类作物样本数量在各省分布。根据统计图表可知，单季稻及玉米的采样点数最多。河南省的农作物样本以玉米为主；湖北省的农作物样本以玉米和单季稻为主；湖南省的农作物样本以单季稻为主。稻虾田作为一种新型的种植模式，在湖北省发展较为迅速。

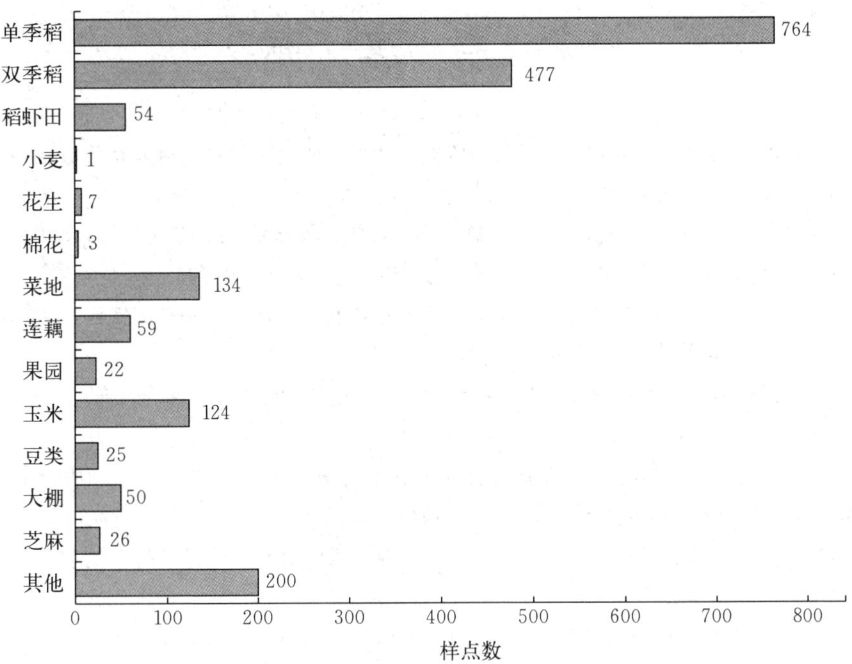

图 5-6　湖南省农作物种植空间信息采集点统计图

四、总结

此次农作物空间样本大数据采集工作获得有效数据共计 6 948 条，按照作物类型标记为早稻、中稻、双季稻、虾稻田、小麦、棉花、花生等 17 种作物类别。湖北省境内共计 2 701 条数据，河南省境内共计 1 926 条数据，湖南省境内共计 1 946 条数据，河北省、安徽省、江西省、重庆市境内共计 375 条数据。本次采集的数据经过标准化后，可作为开展农作物空间格局提取工作的重要数据源。

因规划采样路线需考虑与问卷调查队伍的行程相配合，所以从标准化数据的空间分布情况来看，出现采样点的空间分布过于集中的问题，导致样本点的空间分布不够均匀广泛。此外，农作物的轮作信息是农作物空间格局提取所需的重要数据，因此，采集不同时间的农作物空间样本数据十分必要。考虑到农作物空间信息采集工作的补充与延续，我们也按照一定标准将数据标准化，为后续工作的开展奠定良好的基础。

参 考 文 献

程昆，潘朝顺，黄亚雄，2006. 农村社会资本的特性、变化及其对农村非正规金融运行的影响［J］. 农业经济问题（6）：31－35，79.

郭云南，姚洋，Foltz Jeremy，2014. 宗族网络与村庄收入分配［J］. 管理世界（01）.

郭云南，姚洋，2013. 宗族网络与农村劳动力流动［J］. 管理世界（03）.

纪红蕾，蔡银莺，2017. 生计资本异质对农户农地流转行为的影响——以武汉城市郊区的516户农民为例［J］. 长江流域资源与环境 26（2）：220－226.

蒋乃华，卞智勇，2007. 社会资本对农村劳动力非农就业的影响——来自江苏的实证［J］. 管理世界（12）：158－159.

廖茂林，许召元，胡翠，2018. 基础设施投资是否还能促进经济增长？——基于1994～2016年省际面板数据的实证检验［J］. 管理世界（05）.

罗必良，2014. 农地流转的市场逻辑——“产权强度-禀赋效应-交易装置”的分析线索及案例研究［J］. 南方经济（05）.

帕萨·达斯古普特、伊斯梅尔·撒拉格尔丁（Ismail Serageldin）. 2005. 社会资本——一个多角度的观点［M］. 张慧东等译，北京：中国人民大学出版社.

钱忠好，2002. 农村土地承包经营权产权残缺与市场流转困境：理论与政策分析［J］. 管理世界（06 ）.

仇童伟，罗必良，2019. “好”的代理人抑或“坏”的合谋者：宗族如何影响农地调整？［J］. 管理世界（08）.

阮荣平，刘璐琳，2012. 农村“宗教热”原因探究：宗教社会风险假说［J］. 华南农业大学学报（社会科学版）（01）.

陶东杰，王军鹏，赵奎，2019. 中国农村宗族网络对新农保参与的影响——基于Cfps的实证研究［J］. 湖南农业大学学报（社会科学版）（03）.

王宇锋，2010. 宗族结构、村庄规模与村民收入［J］. 南开经济研究（03）.

吴乐，靳乐山，生态补偿扶贫背景下农户生计资本影响因素研究［J］. 华中农业大学学报（社会科学版）（6）：55－61，153－154.

张照新，2002. 中国农村土地流转市场发展及其方式［J］. 中国农村经济（02）.

赵雪雁，2012. 社会资本测量研究综述［J］. 中国人口·资源与环境（7）：127－133.

Barro，R. J. and Mccleary，R. M.，2003，Religion and Economic Growth Across Countries［M］. American Sociological Review，68（5）：760－781.

Hauer，D. A.，1989，Is Public Expenditure Productive?［J］. Journal of Monetary Economics，23（2）：177－200.

Lin，J. Y.，1992，Rural Reforms and Agricultural Growth in China［J］. The American

Economic Review，82 (1)：34 - 51.

Mccleary，R. M. and Barro，R. J.，2006，Religion and Economy [J]. Journal of Economic Perspectives，20 (2)：49 - 72.

Mcmillan，J.，Whalley，J. and Zhu，L.，1989，The Impact of China's Economic Reforms On Agricultural Productivity Growth [J]. Journal of Political Economy，97 (4)：781 - 807.

2019 年华中三省农村调研参与人员名单

参与教师

熊航 郝晶辉 贺娟 张晓恒 闵师 何可 徐保东 张建 胡琼
游良志 张俊飚 刘颖 陶建平 青平 张泽宇 金铃 周晶 肖小勇
凌霖 李文静 杨志海 肖邦明 熊毅 聂飞

参与学生（以姓氏拼音为序）

毕尧昕 卜巍博 蔡啸宇 蔡志文 曹梦微 曾琳琳 陈杰 陈璞 陈亚萌
陈亚欣 陈燕娟 陈云坪 程嘉宁 仇洋煜 崔菲琪 邓磊 范怡楠 方国浩
方子珺 高洪平 高靖昆 高天璇 高晓兰 葛昕然 龚伦 郭熙玮 韩慧姣
郝照君 何诗佳 和夏妍 胡晨 胡月莉 黄华霖 黄杰 黄文颖 黄湘婷
黄姚姚 江鹏 靳翀 鞠聪 雷啸 李红莉 李贤石 李一 李子薇
梁静 廖钧杰 林苹 刘畅 刘琛媛 刘大鹏 刘芳 刘慧桢 刘进思
刘柳 刘泉极 刘淑珺 刘天宇 刘唯 刘苇 刘子月 柳雨辛 卢雅欣
鲁帆 罗骏 罗坤 吕纯 吕芷宜 马驰 马兰华 马源柠 毛欢
孟维 聂艳 牛思佳 潘珈承 潘丽蔚 彭错 彭云贞 钱君 阮月明
尚雨欣 石煜杰 宋暖 宋子豪 孙博 谭晓艳 陶慧 田坤 汪昊
汪黎 王晨 王凤鑫 王豪楚 王慧敏 王兰 王庆国 王姝涵 王舒麒
王涛（本） 王涛（硕） 王祎凡 王毅恒 王悦 魏彬彬 魏昊原 魏新彦
吴好迪 吴佳璇 吴雨婧 伍姗琪 伍生辉 武润琳 夏李红 夏恋 夏雪婷
向海艳 向珊 向钰祺 谢多 谢素 辛颖 许嘉艺 许世杰 晏希庆
杨浩 杨靖雯 杨靖雅 杨艳 杨艺 杨泽珉 叶蕘 余腾飞 余晓琪
岳梦 张风玲 张劲松 张莫幸子 张青 张禧 张晓娇 张欣仪 张云鯍
张卓伟 赵东立 赵怡鑫 郑雪静 郑妍青 周瑞敏 朱润

图书在版编目（CIP）数据

农业与农村发展调研报告．华中卷：2019 / 华中农业大学经济管理学院数据中心，华中农业大学宏观农业研究院编著．—北京：中国农业出版社，2020.12
ISBN 978-7-109-27689-5

Ⅰ.①农…　Ⅱ.①华…　②华…　Ⅲ.①农业经济发展—研究报告—中国—2019②农村经济发展—研究报告—中国—2019　Ⅳ.①F32

中国版本图书馆 CIP 数据核字（2020）第 266162 号

农业与农村发展调研报告 2019（华中卷）
NONGYE YU NONGCUN FAZHAN DIAOYAN BAOGAO 2019（HUAZHONGJUAN）

中国农业出版社出版
地址：北京市朝阳区麦子店街 18 号楼
邮编：100125
责任编辑：王秀田
版式设计：王　晨　　责任校对：刘丽香
印刷：北京万友印刷有限公司
版次：2020 年 12 月第 1 版
印次：2020 年 12 月北京第 1 次印刷
发行：新华书店北京发行所
开本：700mm×1000mm　1/16
印张：10.75
字数：200 千字
定价：50.00 元
